CLAUS ROXIN

Kriminalpolitik und Strafrechtssystem

SCHRIFTENREIHE
DER JURISTISCHEN GESELLSCHAFT e. V. BERLIN

Heft 39

1973

WALTER DE GRUYTER · BERLIN · NEW YORK

Kriminalpolitik und Strafrechtssystem

Von

o. Prof. Dr. Claus Roxin
Universität München

2., um ein Nachwort vermehrte Auflage

W
DE
G

1973

WALTER DE GRUYTER · BERLIN · NEW YORK

Japanische Übersetzung
von Seiji Saito, 1972

Spanische Übersetzung
von Francisco Muñoz Conde, 1972

Englische Übersetzung
von J. Fosberry, 1973

ISBN 3 11 0044102

Satz und Druck: Saladruck, 1 Berlin 36.

Kriminalpolitik und Strafrechtssystem*

I.

„Das Strafrecht ist die unübersteigbare Schranke der Kriminalpolitik" — dieser berühmte Satz Franz v. Liszts[1] bezeichnet ein Spannungsverhältnis, das in unserer Wissenschaft noch heute lebendig ist. Er stellt die auf empirischen Grundlagen ruhenden Prinzipien zweckmäßiger Behandlung des sozial abweichenden Verhaltens gegen die im engeren Sinne juristischen Methoden systematisch-begrifflicher Ausarbeitung und Ordnung der Verbrechensvoraussetzungen. Oder, auf die kürzeste Formel gebracht: Der Satz kennzeichnet das Strafrecht einerseits als Sozialwissenschaft, andererseits als Rechtswissenschaft. In diesem Doppelcharakter der von ihm recht eigentlich begründeten „gesamten Strafrechtswissenschaft" verkörperten sich für Liszt gegenläufige Tendenzen. Der Kriminalpolitik ordnete er die im gesamtgesellschaftlichen Sinne zweckmäßigen Methoden der Verbrechensbekämpfung, also die nach seinem Sprachgebrauch soziale Aufgabe des Strafrechts, zu, während dem Strafrecht im juristischen Sinn des Wortes die rechtsstaatlich-liberale Funktion

* Die vorliegende Abhandlung entspricht im Text dem Vortrag, den ich — aus Zeitgründen in gekürzter Form — am 13. Mai 1970 in Berlin gehalten habe. Es handelt sich dabei um einen ersten Versuch, die in meinen strafrechtlichen Monographien und Abhandlungen entwickelten methodologischen und dogmatischen Grundauffassungen zu einer — freilich noch skizzenhaften und fragmentarischen — systematischen Gesamtkonzeption zusammenzufassen. Daraus und aus der Notwendigkeit näherer Ausführung des im Text oft nur Angedeuteten erklärt sich die vielfache Bezugnahme auf eigene frühere Arbeiten, für die ich den Leser um Verständnis bitte. Auch die Hinweise auf andere Autoren und die Auseinandersetzungen mit ihnen, die ich in die Anmerkungen aufgenommen habe, dienen vornehmlich der exemplifizierenden Verdeutlichung meiner Thesen; eine Vollständigkeit der literarischen Nachweise konnte bei der Unerschöpflichkeit des Themas natürlich nicht erstrebt werden.

[1] in: Strafrechtliche Aufsätze und Vorträge, Zweiter Band, 1905, S. 80. Die beiden Bände, in denen Liszts kleinere Arbeiten bis zum Jahre 1904 zusammengefaßt sind, enthalten das für jede Beschäftigung mit Liszt grundlegende Material; sie sind im Jahre 1970 in einem photomechanischen Nachdruck des Verlages Walter de Gruyter, Berlin, neu erschienen. Über Liszt vgl. jetzt: Franz von Liszt zum Gedächtnis, 1969 (zugleich erschienen als Bd. 81, Heft 3, der Zeitschrift für die gesamte Strafrechtswissenschaft [ZStW]).

zufallen sollte, die Gleichmäßigkeit der Rechtsanwendung und die individuelle Freiheit vor dem Zugriff des „Leviathans"[2] Staat zu sichern. Um es noch einmal mit zwei anderen Liszt- schen Wendungen zu sagen, die heute zu den klassischen Zitaten des Strafrechtlers gehören: Der „Zweckgedanke im Strafrecht"[3], unter den Liszt sein epochemachendes Marburger Programm gestellt hatte, ist der Leitstern der Kriminalpolitik, während das Strafgesetzbuch als „magna charta des Verbrechers"[4] nach Liszts ausdrücklichem Bekenntnis „nicht die Gesamtheit, son- dern den gegen diese sich auflehnenden einzelnen"[4] schützt und ihm das Recht verbrieft, „nur unter den gesetzlichen Voraus- setzungen und nur innerhalb der gesetzlichen Grenzen bestraft zu werden"[4]. Liszt wollte also nicht, wie es in der Konsequenz seines Zweckgedankens gelegen hätte, daß „ohne all den For- mel-Krimskrams der ‚klassischen Kriminalisten'... im Einzel- falle die Entscheidung gefällt werden" könne, „die der Ge- samtheit frommt"[4], sondern er meinte[5]: „Solange wir bestrebt sind, die Freiheit des einzelnen Staatsbürgers vor der schranken- losen Willkür der Staatsgewalt zu schützen, solange wir an dem Satz nullum crimen, nulla poena sine lege festhalten, ebenso lange wird auch die strenge Kunst einer nach wissenschaftlichen Grundsätzen operierenden Gesetzesauslegung ihre hochpolitische Bedeutung behalten."

Von dieser Grundlage aus muß die Aufgabe strafrechts- systematischer Arbeit[6] allen kriminalpolitischen Zielsetzungen fremd, ja geradezu entgegengesetzt sein. So bezeichnet denn auch Liszt, auf den der uns heute noch geläufige Aufbau der Verbrechenslehre in seinen Grundzügen zurückgeht, es noch in

---

[2] a. a. O.
[3] Zuerst abgedruckt in ZStW, Bd. 3, 1882, S. 1 ff.; dann in: Strafrechtl. Aufsätze und Vorträge, Erster Band, 1905, S. 126 ff.
[4] wie Anm. 1.
[5] Strafrechtl. Aufsätze und Vorträge, Zweiter Band, 1905, S. 434.
[6] Die rechtstheoretischen Grunderkenntnisse der juristischen Systembildung müssen im Rahmen dieser Abhandlung vorausgesetzt, können also nicht zum Gegenstand selbständiger Behandlung gemacht werden. Eine vorzügliche Einführung und Zusammenfassung mit weiterführender Literatur gibt *Engisch*, Sinn und Tragweite juristischer Systematik, in: Studium Generale, 1957, S. 173—190. Aus der älteren strafrechtlichen Literatur sind vor allem zu nennen: *Radbruch*, Der Handlungsbegriff in seiner Bedeutung für das Strafrechtssystem, 1903; *ders.*, Zur Systematik der Verbrechenslehre, Frank- Festausgabe, Bd. I, 1930, S. 158 ff.; *Zimmerl*, Der Aufbau des Strafrechts- systems, 1930.

der letzten Auflage seines Lehrbuches[7] „als die nächste Aufgabe der Strafrechtswissenschaft: in rein juristisch-technischer Betrachtung Verbrechen und Strafe als begriffliche Verallgemeinerung ins Auge zu fassen; die einzelnen Vorschriften des Gesetzes, bis zu den letzten Grundbegriffen und Grundsätzen aufsteigend, zum geschlossenen System zu entwickeln." Die Rechtswissenschaft muß nach seiner Meinung[8] „die eigentlich systematische Wissenschaft sein und bleiben; denn nur die Ordnung der Kenntnisse im System verbürgt jene sichere, immer bereite Herrschaft über alle Einzelheiten, ohne welche die Rechtsanwendung stets Dilettantismus bleibt, jedem Zufall, jeder Willkür preisgegeben."

Mit diesen Hinweisen sind die Stichworte gegeben, die noch heute in unseren Lehrbüchern wiederkehren, wenn die Bedeutung der Strafrechtssystematik erklärt werden soll. So heißt es z. B. bei Welzel[9] über die Strafrechtswissenschaft: „Als systematische Wissenschaft legt sie den Grund zu einer gleichmäßigen und gerechten Rechtspflege, da nur die Einsicht in die inneren Zusammenhänge des Rechts die Rechtsanwendung über Zufall und Willkür hinaushebt." Und Jescheck[10] schreibt in seinem jüngst erschienenen großen Lehrbuch, daß ohne die systematische Gliederung des Verbrechensbegriffes die Lösung eines Rechtsfalles „unsicher und von Gefühlserwägungen abhängig" bleibe. „Die allgemeinen Merkmale des Verbrechensbegriffs, die in der Lehre vom Verbrechen zusammengefaßt werden, ermöglichen dagegen eine rationale und gleichmäßige Rechtsprechung, sie tragen dadurch wesentlich zur Gewährleistung der Rechtssicherheit bei." Das alles gilt unabhängig vom Wandel der Systeme und ihren Abweichungen, die bekanntlich auch heute den Gegenstand lebhafter Kontroversen bilden.

Daß die systematische Verarbeitung des Rechtsstoffes die geschilderten Vorteile wirklich bietet, wird sich ernstlich nicht bestreiten lassen. Aber es bleibt doch ein Unbehagen, das sich zu der immer wieder gestellten Frage verdichtet, ob nicht die systematische Filigranarbeit unserer mit subtilsten begrifflichen Ver-

---

[7] 21./22. Aufl., 1919, S. 1/2; grundlegend: Strafrechtl. Aufsätze und Vorträge, Band 1, 1905, S. 212 ff.
[8] a. a. O. S. 2.
[9] Das deutsche Strafrecht, 11. Aufl., 1969, S. 1.
[10] Lehrbuch des Strafrechts, Allgemeiner Teil, 1969, S. 136.

feinerungen arbeitenden Dogmatik durch ein Mißverhältnis zwischen dem gelehrten Aufwand und seinem praktischen Ertrag gekennzeichnet ist. Wenn es nur um Ordnung, Gleichmaß und Stoffbeherrschung geht, müßte der Streit um das „richtige" System wenig ertragreich scheinen. So sagt denn auch Hellmuth Mayer[11]: „Wie die Dogmengeschichte zeigt, läßt sich der Stoff in den verschiedensten Bezugssystemen erfassen. Alle diese Systeme sind brauchbar, wenn sie nur folgerichtig angewendet werden." Die Forderung nach einer Verlagerung der Schwerpunkte von Forschung und Lehre auf kriminologische und kriminalpolitische Fragestellungen hat hier eine ihrer Quellen[12].

Ein zweiter Einwand richtet sich gegen die Art der aus der Lisztschen Trennung sich ergebenden Dogmatik: Wenn die kriminalpolitischen Fragestellungen in sie nicht eindringen können und dürfen, kann die richtige Herleitung aus dem System zwar eindeutige und gleichmäßige, nicht aber sachgerechte Ergebnisse verbürgen. Was hilft aber die Lösung eines Rechtsproblems, die mit schöner Eindeutigkeit und Gleichmäßigkeit kriminalpolitisch verfehlt ist? Sollte sie wirklich einer befriedigenden, wenn auch systematisch nicht integrierbaren Einzelfallentscheidung vorzuziehen sein? Es liegt nahe, diese Frage zu verneinen und kriminalpolitisch motivierte Durchbrechungen der starren Regel zuzulassen. Doch wird dadurch natürlich die Bedeutung systematischer Allgemeinbegriffe und dogmatischer Abstraktionen noch weiter relativiert. So sagt z. B. Jescheck im Anschluß an die von mir oben[13] zitierte Rechtfertigung systemgebundenen Denkens: „Man darf jedoch auch die Gefahr einer auf abstrakte Formeln gebrachten Strafrechtsdogmatik nicht verkennen: sie besteht darin, daß der Richter sich auf die Automatik theoretischer Begriffe verläßt und dadurch die Besonderheiten des Einzelfalles übersieht. Entscheidend hat immer die Lösung der Sachfrage zu sein, während Erfordernisse der Systematik als zweit-

---

[11] Strafrecht, Allgemeiner Teil, Kohlhammer Studienbuch, 1967, S. 58.

[12] So meint etwa Richard *Schmid* im Vorwort zu dem — sonst nicht sehr ergiebigen — Band „Kritik der Strafrechtsreform", edition suhrkamp, Nr. 264, 1968, S. 9, die „rechtsstaatlichen Schutzwirkungen des Strafrechts" seien „inzwischen unwichtig, weil selbstverständlich geworden"; vgl. zu dieser Problematik auch Gimbernat Ordeig, Hat die Strafrechtsdogmatik eine Zukunft?, in: ZStW, Bd. 82, 1970, S. 379 ff.

[13] vgl. Anm. 10.

rangig zurücktreten müssen". Schaffstein, mein verehrter Göttinger Kollege, hat in einer Abhandlung zur strafrechtlichen Irrtumsproblematik[14] die von ihm aufgeworfene „Frage nach dem Rangverhältnis beider Betrachtungsweisen" offengelassen. Aber auch er meint, daß das an der „kriminalpolitischen Zweckmäßigkeit" orientierte „Wertungsproblem zunächst unabhängig von allen begrifflichen Konstruktionen in Angriff zu nehmen", selbständig zu lösen und „zur ergänzenden Kontrolle" der aus der „logisch-dogmatischen Deduktion" folgenden Ergebnisse zu verwenden sei. Immerhin setzt dieses Verfahren ähnlich wie bei Jescheck die Möglichkeit einer Korrektur dogmatisch-begrifflicher Lösungen durch abweichende kriminalpolitische Wertung voraus.

Hält man dieses Verfahren für erlaubt, dann ist es aber um die Funktion systematischer Begriffsbildung schlecht bestellt. Denn entweder führt eine zulässige Durchbrechung dogmatischer Grundsätze durch kriminalpolitische Wertung zur Erschütterung gleichmäßiger, willkürfreier Rechtsanwendung — dann werden die der Systematik zugeschriebenen Vorzüge von vornherein zunichte gemacht. Oder es zeigt sich, daß die von allen Systemzwängen befreite, unmittelbar wertende Lösung der „Sachfrage" der Rechtssicherheit und Beherrschbarkeit des Rechtsstoffes nicht im Wege steht — dann stellt sich die Frage, wozu es des Systemdenkens überhaupt noch bedarf.

II.

In diesen ernüchternden Schwierigkeiten spiegelt sich eine Krise, in die das Systemdenken im allgemeinen und die strafrechtlichen Verbrechenslehren im besonderen in den letzten Jahren hineingeraten sind. Symptomatisch dafür ist, daß der Streit um die finale Handlungslehre und ihre Auswirkungen, der in den Fünfzigerjahren zu den heftigsten Auseinandersetzungen geführt hat, heute nur noch wenig Interesse findet. Man glaubt nicht mehr recht an Ergebnisse, die aus systematischen Oberbegriffen deduziert sind, und denkt dementsprechend gering über die praktische Leistungsfähigkeit solcher

---

[14] Tatbestandsirrtum und Verbotsirrtum, in: Göttinger Festschrift für das Oberlandesgericht Celle, 1961, S. 175 ff. (178).

Kategorien[15]. Andererseits braucht man sich nur ein Strafrecht ohne Allgemeinen Teil vorzustellen, um zu erkennen, daß der Verzicht auf eine ebensowohl generalisierende wie differenzierende Verbrechenslehre zugunsten einer jeweils individuellen „Wertung" unsere Wissenschaft um mehrere hundert Jahre zurückwerfen müßte, und zwar auf jenen Zustand von „Zufall" und „Willkür", der seit Liszts Zeiten von allen Apologeten des Systems zu Recht beschworen wird. Da somit die Möglichkeit einer Abkehr vom System nicht ernstlich diskutabel ist[16], die vorher geltend gemachten Einwände aber unberührt bestehen bleiben, liegt es nahe, sie nicht auf den Systemgedanken als solchen,

---

[15] Das wird besonders in der Auseinandersetzung um den Handlungsbegriff in zunehmendem Maße hervorgehoben. Vgl. etwa *Gallas*, Zum gegenwärtigen Stand der Lehre vom Verbrechen, in: ZStW, Bd. 67, 1955, S. 1 ff., passim; jetzt in: Beiträge zur Verbrechenslehre, 1968, S. 19 ff.; sodann meine Abhandlung „Zur Kritik der finalen Handlungslehre", in: ZStW, Bd. 74, 1962, S. 515 f.; *Schönke-Schröder*, Strafgesetzbuch, Kommentar, 15. Aufl., 1970, Vorbem. Nr. 36: „Im übrigen dürfte die Erkenntnis zunehmen, daß der Handlungsbegriff dogmatisch letztlich unergiebig ist"; *Baumann*, Strafrecht, Allg. Teil, 5. Aufl., 1969, S. 131, meint, „daß der Streit um die Struktur der strafbaren Handlung in der heutigen Strafrechtsdogmatik über Gebühr und zum Schaden anderer Gebiete zu stark in den Vordergrund getreten ist"; ebenso betont jetzt *Schmidhäuser*, Strafrecht, Allgemeiner Teil, 1970, S. 145: „Es sind also alle Bedenken berechtigt, die gegen den Handlungsbegriff oder doch seine Überbewertung in jüngerer Zeit erhoben worden sind." Auch Arthur Kaufmann stellt fest (Festschrift für Hellmuth Mayer, 1966, S. 80), der Handlungsbegriff könne „das, was viele von ihm zu erwarten scheinen, nicht leisten". Das alles gilt mutatis mutandis für Ableitungen aus anderen systematischen Kategorien ebenso. Die Lösung schwieriger Rechtsprobleme (wie etwa der Behandlung des Verbotsirrtums oder der Teilnahme an unvorsätzlicher Tat) darf sicherlich nicht, wie früher vielfach angenommen wurde, von der systematischen Einordnung des Vorsatzes in den Tatbestand oder die Schuld abhängig gemacht werden. Aus dieser Resignation gegenüber dem überlieferten Systemdenken erklärt es sich, wenn z. B. *Baumann* schon im Vorwort seines Lehrbuches (seit der 1. Aufl., 1960) schreibt: „Dem Theorienstreit über die Systematik des Verbrechensaufbaues ist kein übermäßig breiter Raum gewidmet ...".

[16] und zwar um so weniger, als im Strafrecht wegen des nullum-crimen-Satzes die Rechtssicherheit im Verhältnis zu anderen Rechtsdisziplinen einen besonders hohen Rang beanspruchen darf. Daraus erklärt es sich auch, daß die im Zivilrecht so lebhaft geführte Diskussion um das topische Rechtsdenken im Strafrecht nur wenig Resonanz gefunden hat. Vgl. aber etwa *Würtenberger*, Die geistige Situation der Deutschen Strafrechtswissenschaft, 2. Aufl., 1959; *Roxin*, Täterschaft und Tatherrschaft, 1./2. Aufl., 1963/67, S. 587 ff.; *Androulakis*, Studien zur Problematik der unechten Unterlassungsdelikte, 1963; *Lüderssen*, Zum Strafgrund der Teilnahme, 1967, S. 30 ff.; dazu sehr kritisch *Welzel*, Das deutsche Strafrecht, 11. Aufl., 1969, S. 116; zu Welzel wiederum meine Rezensionsabhandlung in ZStW, Bd. 80, 1968, S. 712 ff.

sondern auf Fehlansätze seiner dogmatischen Entwicklung zurückzuführen. Tatsächlich meine ich, daß wir noch heute in unserer Verbrechenslehre das Erbe des Positivismus mit uns herumschleppen, so wie es sich im Denken Liszts beispielhaft ausprägte[17]; und ich will versuchen darzulegen, daß die geschilderten Aporien hier ihre Ursache haben.

Der Positivismus als Rechtstheorie zeichnet sich dadurch aus, daß er die Dimensionen des Sozialen und Politischen aus der Sphäre des Juristischen verbannt. Eben dieses von Liszt als selbstverständlich übernommene Axiom liegt der Entgegensetzung von Strafrecht und Kriminalpolitik zugrunde: Rechtswissenschaft im eigentlichen Sinne ist das Strafrecht nur, soweit es sich mit der begrifflichen Analyse positiv-rechtlicher Regelungen und ihrer Zusammenfassung im System beschäftigt. Die Kriminalpolitik, die sich mit den sozialen Inhalten und Zwecken des Strafrechts befaßt, steht außerhalb des Juristischen. Ihren Verfechtern bleibt der Appell an den Gesetzgeber und der quasi rechtsfreie Raum des Strafvollzuges, in den Liszt denn auch mit seiner bekannten Lehre von den Tätertypen sozialgestaltend hineinwirken wollte. Das Gesetz als solches aber — und also auch das Strafgesetzbuch — ist „nicht Instrument der Sozialgestaltung, sondern nur Mittel zur Herstellung und Ordnung koexistierender Freiheiten"[18]; so wenigstens wurde es von den Theoretikern des liberalen Rechtsstaates und mit ihnen von Liszt verstanden.

III.

In dieser rechtsstaatlichen Funktion erschöpft sich aber für uns heute die Aufgabe des Gesetzes nicht mehr. Es ist jedem Juristen geläufig, wie sich z. B. im Verwaltungsrecht neben der aus dem vergangenen Jahrhundert überlieferten Eingriffsverwaltung die Rechtsformen der Leistungsverwaltung zu ihrer heute beherrschenden Stellung entwickelt haben; die verwal-

---

[17] Ähnlich spricht *Schmidhäuser*, Strafrecht, Allgemeiner Teil, 1970, S. 145, davon, daß der strafrechtssystematische Ansatz Liszts verfehlt sei. Der Zusammenhang mit dem positivistischen Liberalismus wird in der Darstellung Schmidhäusers, die sich sonst mit meiner Kritik in manchen Punkten berührt, aber nicht hergestellt.

[18] Wie es *Badura* in seiner anschaulichen Darstellung über „Das Verwaltungsrecht des liberalen Rechtsstaates", 1967, S. 25, ausgedrückt hat.

tungsrechtliche Theorie hat diesen Vorgang inzwischen aufge-
arbeitet. In entsprechender Weise gilt es auch im Strafrecht
zu erkennen, daß — unbeschadet der uneingeschränkt aufrecht-
zuerhaltenden rechtsstaatlichen Erfordernisse — kriminalpolitische Probleme den eigentlichen Inhalt auch der allgemeinen
Verbrechenslehre ausmachen[19]. Schon der nullum-crimen-Satz
hat ja neben seiner liberalen Schutzfunktion den Zweck, Ver-
haltensrichtlinien zu geben; er wird dadurch zu einem höchst
bedeutsamen Instrument der Sozialgestaltung. Das setzt sich in
allen Bereichen der Verbrechenslehre fort: Wenn z. B. unsere
Gerichte sich immer wieder mit der Frage zu beschäftigen haben,
ob ein rechtswidrig Angegriffener sich mit der Waffe wehren
darf oder ob ihm ein Ausweichen zuzumuten ist, dann geht es
dabei nur noch scheinbar um eine Abgrenzung der Freiheits-
und Handlungssphären — insoweit böte die rigoristische These,
daß das Recht dem Unrecht niemals zu weichen habe, sicher die
klarste Lösung —; in Wirklichkeit werden für Konfliktsituationen die sozial richtigsten und flexibelsten Lösungen gesucht.
Und wenn zur Erörterung steht, wie jemand zu behandeln ist,
der sich bei seinem verbotenen Tun in irgendeiner Weise geirrt
oder einen Deliktsversuch aufgegeben hat, dann sind das Probleme rein kriminalpolitischer Natur, die durch die „Automatik
theoretischer Begriffe" — um mit Jescheck zu sprechen — von
vornherein nicht angemessen gelöst werden können.

IV.

Natürlich ist das keine neue Erkenntnis; der Befund drängt
sich ja bei einer unvoreingenommenen Betrachtung der Lebens-
sachverhalte geradezu auf. Aber man kann nicht sagen, daß
solche Einsichten methodologisch und systematisch bisher in
befriedigender Weise verarbeitet worden sind. Für eine Verbrechenslehre, die in der geschilderten positivistischen Manier
unter Ausscheidung aller kriminalpolitischen Gesichtspunkte im
Wege formaler Klassifikation konzipiert worden ist, bleibt als
Ausweg nur die schon erwähnte „Wertungskorrektur". So kann
man etwa — wenn ich im Bereiche der schon verwendeten

---

[19] Vgl. zum Thema auch *Würtenberger*, Strafrechtsdogmatik und Sozio-
logie, in: Kriminalpolitik im sozialen Rechtsstaat, 1970, S. 27 ff.

Beispiele bleiben darf — zum Notwehrrecht gegenüber Kinder-
angriffen sagen, an sich sei, da auch Kinder rechtswidrig handeln
könnten, im Rahmen des Erforderlichen jede Abwehr erlaubt;
da jedoch schwere Schädigungen von Kindern, sofern sie nicht
zum Zwecke des Selbstschutzes zwingend geboten seien, unserer
heutigen Auffassung als unerträglich erschienen[20], müsse man in
einem solchen Falle ein Ausweichen verlangen. Oder man kann,
wie es dem E 1962 vorschwebte, beim Irrtum über Rechtfertigungsvoraussetzungen aus dogmatisch-systematischen Gründen
eine Vorsatztat annehmen, aus kriminalpolitischen Erwägungen
dafür dann aber doch nur die Fahrlässigkeitsstrafe verhängen[21].
Ein solches Verfahren überwindet die Lisztsche Trennung von
Strafrecht und Kriminalpolitik insofern, als es kriminalpolitischen Wertungen in den Allgemeinen Teil des Strafrechts Ein-
gang verschafft; es hält die Trennung aber auch aufrecht insofern, als die beiden Sphären dort unverbunden nebeneinander
stehen. Auf diese Weise ergibt sich ein doppelter Beurteilungs-
maßstab derart, daß dogmatisch richtig sein kann, was kriminalpolitisch falsch ist, und umgekehrt[22]. Ich habe schon anfangs
gezeigt, daß dadurch die Bedeutung des Systems entwertet wird.
Aber auch den kriminalpolitischen Belangen ist mit einem solchen Verfahren wenig geholfen. Denn die Grundlagen der
Wertung bleiben verschwommen, beliebig und ohne wissen-
schaftliche Überzeugungskraft, wenn sie aus dem Rechtsgefühl
oder aus punktuellen Zielsetzungen geschöpft werden, ohne in
einem aufweisbaren Wertungszusammenhang des Gesetzes ihren
Rückhalt zu finden[23]. Besonders kraß zeigt sich das etwa in der
strafrechtlichen Teilnahmelehre, wo die Entwicklung der Rechtsprechung dahin geführt hat, daß die Abgrenzung von Täterschaft und Teilnahme ohne jede Orientierung an systematischen
Kategorien nach freiem richterlichen Ermessen durchgeführt

---

[20] So sagt etwa *Jescheck*, Allgemeiner Teil, 1969, S. 231: „Das Recht zur
Verteidigung muß dort enden, wo durch seine Ausübung das Rechtsgefühl
schwerstens verletzt würde." In diesem Zusammenhang heißt es dann: „Auch
die Forderung, daß man dem Angriff von Kindern ... auszuweichen hat,
ist berechtigt."
[21] Mit dieser Methode habe ich mich eingehend und kritisch auseinander-
gesetzt in meiner Abhandlung „Die Behandlung des Irrtums im Entwurf
1962", in: ZStW, Bd. 76, 1964, S. 582 ff.
[22] Vgl. die in Anm. 21 genannte Abhandlung, S. 585 f.
[23] auch dazu näher a. a. O., S. 587 ff.

wird[24]. Das wurde möglich, weil der als scheinbares Unterscheidungskriterium benutzte Begriff des „Täterwillens", der in der Wirklichkeit als psychische Realität nicht existiert, in der Praxis so verwandt wird, daß man auf Grund unmittelbarer Wertung bestimmt, wer die Täter- und wer die geringere Gehilfenstrafe verdient; je nach dem Ergebnis dieser Dezision wird dann der Täterwille bejaht oder verneint. Die Folgen dieser Praxis sind bekannt: Die Urteile widersprechen einander gröblich, und der 60 Jahre alte Satz von der Teilnahmelehre als dem „dunkelsten und verworrensten Kapitel der Strafrechtswissenschaft"[25] ist inzwischen zu einem geflügelten Wort geworden.

V.

Aus alledem wird klar, daß der richtige Weg nur darin bestehen kann, die kriminalpolitischen Wertentscheidungen in das System des Strafrechts so eingehen zu lassen, daß ihre gesetzliche Fundierung, ihre Klarheit und Berechenbarkeit, ihr widerspruchsfreies Zusammenspiel und ihre Auswirkungen im Detail hinter den Leistungen des formal-positivistischen Systems Lisztscher Provenienz nicht zurückstehen. Rechtliche Gebundenheit und kriminalpolitische Zweckmäßigkeit dürfen einander nicht widersprechen, sondern müssen zu einer Synthese gebracht werden, so wie ja auch Rechts- und Sozialstaat in Wahrheit nicht unversöhnliche Gegensätze, sondern eine dialektische Einheit bilden: Eine Staatsordnung ohne soziale Gerechtigkeit ist kein materieller Rechtsstaat, ebensowenig wie ein Planungs- und Versorgungsstaat ohne die freiheitswahrenden Errungenschaften des Rechtsstaates das Prädikat sozialstaatlicher Verfaßtheit in Anspruch nehmen darf. Sehr deutlich zeigt sich das jetzt bei der Reform des strafrechtlichen Sanktionensystems und des Strafvollzuges: Resozialisierung bedeutet nicht die Einführung unbestimmter Strafurteile oder die beliebige Verfügbarkeit des

---

[24] über diese Entwicklung vgl. eingehend mein Buch über „Täterschaft und Tatherrschaft", 2. Aufl., 1967, S. 612 ff.; ebenso *Jescheck*, Allgemeiner Teil, 1969, S. 433: „Die Unterscheidung zwischen Täterschaft und Teilnahme ist damit in der praktischen Rechtsanwendung dem Ermessen des Tatrichters anheimgestellt."

[25] Er stammt von *Kantorowicz*, in: Monatsschrift für Kriminologie und Strafrechtsreform, 1910, S. 306; er wurde dann von *Binding*, Strafrechtl. und strafprozessuale Abhandlungen, Bd. I, 1915, S. 253, und seither bis heute von zahlreichen anderen Autoren aufgenommen.

Verurteilten für staatliche Zwangsbehandlungen. Vielmehr wird die Reform dem Verfassungsauftrag nur gerecht, wenn sie gleichzeitig mit der Einführung moderner sozialtherapeutischer Methoden die Rechtsstellung des Strafgefangenen verstärkt und das bisher juristischer Durchleuchtung wenig zugängliche besondere Gewaltverhältnis rechtlich durchstrukturiert[26]. Die Sache selbst erfordert das; denn eine Erziehung zum legalen Leben in der Freiheit des Rechtsstaates kann schwerlich durch die Vorenthaltung aller Freiheiten bewirkt werden. Auch das erst in der Nachkriegszeit in den Rang einer eigenständigen Disziplin aufgestiegene Strafzumessungsrecht entwickelt sich nicht etwa auf ein durch individuelle richterliche Wertung auszufüllendes richterliches Ermessen, sondern geht gerade umgekehrt auf die systematische Ordnung und rationale Kontrollierbarkeit der kriminalpolitisch motivierten Zumessungskriterien hin[27].

Die systematische Einheit zwischen Kriminalpolitik und Strafrecht, die nach meiner Intention auch im Aufbau der Verbrechenslehre verwirklicht werden muß, ist also nur eine Erfüllung der Aufgabe, die unserer Rechtsordnung heute in allen Bereichen gestellt ist. Ein umfassender Versuch dieser Art ist aber in der Dogmatik des Allgemeinen Teils bisher nicht unternommen worden. Vielmehr ist das Verbrechensgebäude, das wir heute mit mannigfachen Abwandlungen bei den einzelnen Autoren im ganzen als das Standardmodell von Praxis und Lehre vor uns sehen, ein wunderliches Konglomerat verschiedener Stilepochen.

1. Von seinen positivistischen Ausgangspunkten her ist uns ein klassifikatorisches System in Form einer Begriffspyramide überkommen, wie es etwa dem Linnéschen Pflanzensystem entspricht[28]: Der Bau erhebt sich von der Masse der Verbrechensmerkmale durch eine von Stufe zu Stufe weitergetrie-

---

[26] Grundlegend, vornehmlich auch zur Kritik des „besonderen Gewaltverhältnisses", *Schüler-Springorum*, Strafvollzug im Übergang, 1969. Zur Synthese von Rechts- und Sozialstaatlichkeit im Sanktionensystem vgl. auch meine Abhandlung über „Franz von Liszt und die kriminalpolitische Konzeption des Alternativentwurfs", in: ZStW, Bd. 81, 1969, S. 613 ff. (637 ff.).

[27] Grundlegend ist hier das Werk von H.-J. *Bruns*, Strafzumessungsrecht, Allgemeiner Teil, 1967.

[28] Der anschauliche Vergleich mit dem Linnéschen Pflanzensystem stammt von *Radbruch*, Frank-Festgabe, Bd. I, 1930, S. 158; er wird jetzt auch von *Schmidhäuser*, Zur Systematik der Verbrechenslehre, in: Gedächtnisschrift für Gustav Radbruch, 1968, S. 269, aufgenommen.

bene Abstraktion[29] bis zum allumfassenden Oberbegriff der Handlung. Warum ein auf diese Weise entstehendes geschlossenes System den Weg zur Lösung unseres Problems verbaut, habe ich schon darzulegen versucht: Es sperrt die Dogmatik von den kriminalpolitischen Wertentscheidungen einerseits und der sozialen Realität andererseits ab, anstatt den Zugang zu ihnen zu öffnen.

2. Die wertbeziehende Methodologie des Neukantianismus[30], die in den Zwanzigerjahren zur Vorherrschaft kam, hätte von der normativen Seite her zu einem ganz neuen „Bild des Strafrechtssystems" führen können, wenn man als Kriterium, auf das alle dogmatischen Erscheinungen zu beziehen gewesen wären, kriminalpolitische Leitentscheidungen gewählt hätte. Aber ein System, das sich gegen den formallogisch konzipierten Aufbau der älteren Verbrechenslehre durchgesetzt hätte, hat sich auf dieser Grundlage nie herausgebildet[31]. Die Entwicklung hat nur — wenn auch immerhin — dazu geführt, daß in der Tatbestandslehre die Auslegung nach dem geschützten Rechtsgut in den Vordergrund getreten[32] und daß den Rechtfertigungsgründen durch die Lehre von der sog. materiellen Rechtswidrigkeit[33] und der Schuld durch ihre Rückführung auf das Merkmal der „Vorwerfbarkeit"[34] ein normativer Boden unterlegt worden ist,

---

[29] Bei Liszt heißt es über die „Systematische Ordnung" in: Strafrechtl. Aufsätze und Vorträge, Erster Band, 1905, S. 215: „Immer höher steigt sie auf dem Wege der Abstraktion von den besonderen zu den allgemeineren Begriffen."

[30] Diese Entwicklung, die von den rechtsphilosophischen Arbeiten der sog. südwestdeutschen Schule (Windelband, Lask) her in das Strafrecht eingedrungen ist (vor allem durch die Schriften von *Radbruch, Mezger, Erik Wolf, Grünhut* und *Schwinge*), darf hier als bekannt vorausgesetzt werden. Abschließend: *Mittasch*, Die Auswirkungen des wertbeziehenden Denkens in der Strafrechtssystematik, 1939.

[31] *Engisch*, Studium Generale, 1957, S. 184, sagt treffend, daß das klassifikatorische System Liszts „immer noch im Hintergrund unserer Verbrechenslehre" stehe. Bemerkenswert ist auch, daß Engisch trotz ausführlicher Behandlung des teleologischen Systems (a. a. O. S. 178 ff.) aus dem Bereich der allgemeinen Verbrechenslehre kein Beispiel dafür beibringt.

[32] Hierzu besonders: *Schwinge*, Teleologische Begriffsbildung im Strafrecht, 1930.

[33] Dazu eingehend *Heinitz*, Das Problem der materiellen Rechtswidrigkeit, 1926, und: Zur Entwicklung der Lehre von der materiellen Rechtswidrigkeit, in: Festschrift für Eb. Schmidt, 1961, S. 266 ff.

[34] Dieser sog. normative Schuldbegriff, der heute absolut herrschend ist, wird bekanntlich auf *Frank*, Über den Aufbau des Schuldbegriffs, in: Festschrift für die Juristische Fakultät in Gießen, 1907, S. 521 ff. zurückgeführt.

auf dem der Rechtfertigungsgrund des übergesetzlichen Notstandes[35] und der Zumutbarkeitsgedanke[36] in der Schuldlehre
erwachsen sind. Dieser Einbau kriminalpolitisch-wertender
Elemente in die positivistisch-begrifflich angelegte Verbrechens-
hierarchie hat systematisch jene Doppelbödigkeit erzeugt, die
sich in der Zweiheit von formeller und materieller Betrachtungsweise widerspiegelt. Wenn die wertfreie, quasi subsumtions-
automatische Tatbestandsauslegung, die dem positivistisch-libe-
ralen Ideal am nächsten kommt, keine eindeutigen oder erträg-
lichen Ergebnisse liefert, wird die Lösung teleologisch vom
geschützten Rechtsgut her gefunden. Wenn bei Prüfung der
formellen Rechtswidrigkeit die Suche nach einem geschriebenen Rechtfertigungsgrund fruchtlos verläuft, ein Unrechts-
urteil aber wegen fehlender Sozialschädlichkeit als kriminalpolitisch verfehlt erscheint, kann man durch eine Güter- und
Interessenabwägung zu einer Verneinung der materiellen
Rechtswidrigkeit kommen, während in der Schuldlehre die
Härten der positiv-gesetzlichen Regelung sich im Einzelfall
durch Zumutbarkeitserwägungen mildern lassen. In alledem
stecken wertvolle Ansätze zur Einbringung kriminalpolitischer
Zielsetzungen in die dogmatische Arbeit, aber auch zu jener
individuell-wertenden Systemaufweichung, deren Fragwürdig-
keit schon geschildert worden ist und die es verhindert hat,
daß etwa die Zwecktheorie als Formulierung des übergesetzlichen Notstandes oder die Unzumutbarkeit als Schuldausschließungsgrund je allgemein anerkannt worden wären.

3. Die finale Handlungslehre schließlich hat mit ihrer Wen-
dung zu den ontischen Strukturen und zur sozialen Realität den
Wirklichkeitsbezug der Strafrechtsdogmatik nicht ohne Erfolg
wiederherzustellen versucht und dadurch vor allem der Hand-
lungs- und Tatbestandslehre die Plastizität echter Geschehens-
beschreibung zurückgegeben. Der Finalismus hat jedoch auch
durch seine axiomatisch-deduktive Methode[37] der Ableitung

---

[35] Darüber eingehend *Lenckner*, Der rechtfertigende Notstand, 1965.
[36] Darüber zusammenfassend und weiterführend *Henkel*, Zumutbarkeit
und Unzumutbarkeit als regulatives Rechtsprinzip, in: Festschrift für
Edmund Mezger, 1954, S. 249 ff.
[37] vgl. *Welzel*, Aktuelle Strafrechtsprobleme im Rahmen der finalen
Handlungslehre, 1953, S. 3: „Die finale Handlungslehre geht ... von Axiomen aus und wendet Methoden an, die denen des herrschenden juristischen
Wissenschaftsbetriebes strikt zuwiderlaufen."

juristischer Lösungen aus Seinsgegebenheiten — vornehmlich aus
dem als vorrechtlich verstandenen Handlungsbegriff — ein
System geschaffen, das sich zwar einerseits von dem der posi-
tivistisch-kausalen, klassischen Dreigliederung wesentlich unterscheidet, andererseits aber den kriminalpolitischen Zwecksetzungen in der Dogmatik keinen selbständigen Raum gibt. Mit Recht
bemerkt Schaffstein[38], der sich selbst der finalen Handlungslehre verbunden fühlt, daß bei ihr „der Akzent durchaus auf
der logisch-begrifflichen Konstruktion" liege. Das Spannungsverhältnis von Systemableitung und unmittelbarer Wertung,
von dem wir ausgingen, wird jedenfalls auch und gerade durch
den Finalismus nicht aufgehoben.

VI.

Dieser Eilmarsch durch die Geschichte unserer strafrechtlichen Denkmethoden[39] hat gezeigt, daß die drei Grundforde-
rungen, die wir an ein fruchtbares System zu stellen haben
— begriffliche Ordnung und Klarheit, Wirklichkeitsbezug und
Orientierung an kriminalpolitischen Zwecksetzungen — in den
Ausformungen und Überlagerungen der methodologischen Prämissen, die uns heute als vielfach variierte „herrschende Lehre"
entgegentreten, immer nur ansatzweise und unter Vernachlässigung anderer Aspekte einseitig verwirklicht worden sind. Es
scheint mir deshalb notwendig, daß unser Thema mehr als bisher zum Gegenstand wissenschaftlicher Reflexion gemacht und
bei der Systembildung berücksichtigt werde. Wenn Sie mir
Goethe[40] als Eideshelfer gestatten, so möchte ich es mit seinen
Worten sagen: „Altes Fundament ehrt man, darf aber das
Recht nicht aufgeben, irgendwo wieder einmal von vorn zu
gründen".

---

[38] Tatbestands- und Verbotsirrtum, in: Göttinger Festschrift für das
Oberlandesgericht Celle, 1961, S. 176. Vgl. auch a. a. O. S. 178: Welzel
habe „der logisch-dogmatischen Deduktion einen seit Binding nicht mehr
gekannten Auftrieb verschafft."
[39] Gute Abrisse der strafrechtssystematischen Entwicklung finden sich bei
Jescheck, Allgemeiner Teil, 1969, § 22: Die Entwicklungsstufen der neueren
Verbrechenslehre, S. 138 ff., und bei Schmidhäuser, Allgemeiner Teil, 1970,
7. Kapitel: Die Entwicklung der Straftatsystematik in der neueren deutschen
Strafrechtswissenschaft, S. 128 ff.
[40] Aus „Wilhelm Meisters Wanderjahren"; jetzt meist in den „Maximen
und Reflexionen" abgedruckt. Die Zählung wird verschieden vorgenommen;
in der Artemis-Gedenkausgabe handelt es sich um die Nr. 548.

Ein solcher Versuch, den ich hier in einigen Grundlinien
vortragen will, müßte davon ausgehen, daß die einzelnen
Deliktskategorien — Tatbestandsmäßigkeit, Rechtswidrigkeit,
Schuld — von vornherein unter dem Blickwinkel ihrer kriminalpolitischen Funktion zu sehen, zu entfalten und zu systemati-
sieren sind. Diese Funktionen sind unterschiedlicher Art: Der
Tatbestand steht unter dem Leitmotiv der Gesetzesbestimmtheit,
auf das die Legitimation der Dogmatik oft allein reduziert
worden ist; die Tatbestände dienen wirklich der Erfüllung des
nullum-crimen-Satzes, und von ihm her muß die dogmatische
Aufgliederung erfolgen[41]. Die *Rechtswidrigkeit* dagegen ist der
Bereich sozialer Konfliktlösungen, das Feld, auf dem wider-
streitende Individualinteressen oder gesamtgesellschaftliche Belange mit den Bedürfnissen des einzelnen zusammenstoßen. Ob
hier polizeiliche Eingriffsnotwendigkeiten mit dem allgemeinen
Persönlichkeitsrecht und der Handlungsfreiheit des Staatsbürgers zum Ausgleich zu bringen sind oder ob aktuelle und unvor-
hersehbare Notsituationen eine Entscheidung verlangen: Es geht
immer um die sozial richtige Regulierung von Interesse und
Gegeninteresse. Das ist gewiß keine neue Einsicht. Welche im
Vergleich mit der Tatbestandsinterpretation ganz andersartigen
dogmatischen und systematischen Konsequenzen aber aus ihr zu
ziehen sind, ist noch keineswegs hinreichend klargeworden. Die
Verbrechenskategorie schließlich, die wir herkömmlicherweise
„*Schuld*" nennen, hat es in Wahrheit weniger mit der empirisch
schwer verifizierbaren Ermittlung des Andershandelnkönnens
als mit der normativen Frage zu tun, ob und inwieweit ein
grundsätzlich mit Strafe bedrohtes Verhalten bei irregulären
persönlichkeits- oder situationsbedingten Umständen noch der
Strafsanktion bedarf. Zu ihrer Beantwortung sind die straf-
begrenzende Funktion des Schuldprinzips ebenso wie spezial-
und generalpräventive Erwägungen in die dogmatische Arbeit

---

[41] Selbstverständlich schlagen sich auch in den Tatbeständen schon soziale
Konfliktlösungen nieder. Sie sind das Resultat der gesetzgeberischen Überle-
gung, ob ein Verhalten überhaupt unter Strafe gestellt werden soll. Aber das
sind legislatorisch-kriminalpolitische Entscheidungen vorkodifikatorischer Art.
Für die dogmatische Arbeit sind die Tatbestände vorgegeben. Sie hat sich bei
der Systematisierung nun nicht mehr primär von Strafwürdigkeitserwä-
gungen, sondern vom nullum-crimen-Grundsatz leiten zu lassen: Eine den
möglichen Wortsinn überschreitende Analogie ist unzulässig, auch wenn die
ratio der gesetzgeberischen Pönalisierung für sie spricht.

einzubeziehen. Wenn etwa der Angehörige eines zur Gefahrenabwehr bestimmten Berufes (also der Polizist oder Feuerwehrmann) sich mit dem Hinweis auf eine Notstandssituation weniger leicht entschuldigen kann als ein anderer, so ist es ersichtlich der Schutz der Rechtsgüter, also ein Interesse der Allgemeinheit, das hier eine Sanktionierung erfordert, während ein in vergleichbarer Lage ohne spezifische soziale Rollenpflicht Handelnder straflos bleiben kann, weil er der Resozialisierung nicht bedarf und wegen der Außergewöhnlichkeit der Situation kein schlechtes Beispiel geben kann.

Sieht man die Dinge so, dann sind es das Postulat des nullumcrimen-Satzes, die sozialregulierende Interessenabwägung in Konfliktsituationen und die Forderungen der Strafzwecklehre, die den uns geläufigen Deliktskategorien kriminalpolitisch zugrunde liegen. Zwei von ihnen, nämlich die Tatbestands- und Schuldlehre, sind von spezifisch strafrechtlichen Maximen her zu interpretieren, während der Bereich der Rechtswidrigkeit Aufgaben der Gesamtrechtsordnung wahrnimmt. Dem entspricht es, daß die Rechtfertigungsgründe allen Rechtsbereichen entstammen und so das Strafrecht mit den übrigen Rechtsgebieten zur Einheit der Rechtsordnung verklammern.

VII.

Unser zweiter Arbeitsgang muß der Frage gewidmet sein, wie sich von diesen Ausgangspunkten her das System entwickeln läßt. Wir beginnen dabei mit der Tatbestandslehre. Bekanntlich kann man hier zwischen den verschiedensten Elementen und Deliktsarten unterscheiden, die denn auch alle in dieser Rubrik in etwas wahllosem Nebeneinander aufgeführt zu werden pflegen. Von unserem Standpunkt aus muß das systematisch leitende Differenzierungskriterium aber dies sein, in welcher Weise die Forderungen des nullum-crimen-Grundsatzes gesetzgeberisch verwirklicht worden sind. Läßt man atypische Tatbestandsbildungen beiseite, so zeigt sich, daß es dafür zwei grundlegend verschiedene Methoden gibt, die der Gesetzgeber auch wechselweise verwendet hat. Die erste besteht in der möglichst präzisen Beschreibung von Handlungen: „Wer mit Gewalt gegen eine Person oder unter Anwendung von Drohung mit gegenwärtiger Gefahr für Leib oder Leben eine fremde bewegliche

Sache einem anderen in der Absicht wegnimmt, sich dieselbe rechtswidrig zuzueignen" — das ist eine Deskription äußerer und innerer Fakten, die uns zusammen einen Räuber in Aktion zeigen. Man kann hier von einem Handlungsdelikt sprechen. Der zweiten Methode bedient sich der Gesetzgeber vorzugsweise dort, wo es ihm auf die äußere Beschaffenheit des Täterverhaltens nicht ankommt, weil der Grund der Sanktion darin liegt, daß jemand gegen die Leistungsanforderungen einer von ihm übernommenen sozialen Rolle verstößt. Wenn § 266 StGB etwa den mit Strafe bedroht, der „eine ihm obliegende Pflicht, fremde Vermögensinteressen wahrzunehmen, verletzt", dann ist es ersichtlich gleichgültig, wie der Täter das macht, wenn er nur überhaupt in vermögensschädigender Weise seine Pflicht verletzt. Der nulla-poena-Satz wird hier dadurch gewahrt, daß der Gesetzgeber sich auf Pflichten bezieht, die im außerstrafrechtlichen Bereich zwischen den Beteiligten festgelegt sind. Die rechtsstaatliche Problematik des § 266 liegt infolgedessen auch nicht im Mangel einer Handlungsbeschreibung, sondern in der Undeutlichkeit der hier in Bezug genommenen Pflichten. Wo diese Pflichten hingegen klar fixiert sind, ist durch einen die Handlungsbeschreibung ersetzenden Verweis auf sie den Anforderungen des nullum-crimen-Satzes vollauf Genüge getan. Denkt man etwa an die Tatbestände der Gefangenenbefreiung oder des Parteiverrats, so ist das äußere Verhalten des Täters durchaus beliebig; da jedoch die Pflichtanforderungen der sozialen Rolle des Gefängnisaufsehers und des Rechtsanwaltes dienst- und standesrechtlich hinreichend exakt festliegen, sind solche Tatbestände, die ich Pflichtdelikte[42] nenne, den Handlungsdelikten unter Bestimmtheitsgesichtspunkten durchaus äquivalent.

So weit, so gut. Der praktische Ertrag einer solchen systematischen Zweiteilung der Tatbestandslehre scheint mir in folgendem zu liegen: Zunächst einmal bringt der normative Ausgangspunkt die soziale Realität, die alle dogmatischen Differenzierungen untergründet, mit überraschender Klarheit in den Blick. Bei den Pflichtdelikten sind es rechtlich schon durchgeformte Lebensbereiche (die Beziehungen zwischen Vermögens-

---

[42] Darüber erstmals ausführlich: Täterschaft und Tatherrschaft, 1./2. Aufl., 1963/67, S. 352 ff.

fürsorger und Auftraggeber, Aufseher und Gefangenen, Rechts-
anwalt und Mandanten), deren Funktionsfähigkeit durch die
Tatbestände geschützt werden soll; bei den Handlungsdelikten
bricht der Täter in friedensstörender Weise von außen (z. B.
durch Totschlag, Raub, Öffnung fremder Briefe, heimliche Ton-
bandaufnahmen usw.) in Bezirke ein, die er von Rechts wegen
unangetastet zu lassen hätte. Dieser in der Sache liegende Unterschied nun hat wiederum dogmatische Auswirkungen, die bisher noch keineswegs hinreichend deutlich erkannt worden sind.
Ich kann in diesem Rahmen natürlich keinen kompletten Allgemeinen Teil vortragen, aber schon wenige Hinweise können
verständlich machen, wie ich das meine.

1. Die bekannte und in den letzten Jahren in einer Vielzahl
von Monographien erörterte Gleichstellungsproblematik bei
Unterlassungstaten beispielsweise stellt sich bei Pflichtdelikten
von vornherein anders als bei Handlungsdelikten. Wenn es
nämlich der Verstoß gegen die aus einer übernommenen sozialen
Rolle erwachsende Pflichtenstellung ist, die bestimmte Tatbestände konstituiert, dann ist es unter dem Gesichtspunkt der
nullum-crimen-Problematik offenbar gleichgültig, ob dieser Verstoß durch Tun oder Unterlassen erfolgt. Ob der Aufseher, der
einem Gefangenen zur Freiheit verhelfen will, pflichtwidriger-
weise durch positives Tun die Tür der Haftanstalt öffnet oder
ob er sie entgegen der Vorschrift zu schließen unterläßt, macht
für den Tatbestand des § 346 StGB keinerlei Unterschied,
ebensowenig wie es eine Rolle spielt, ob der Anwalt den Partei-
verrat durch aktive Machenschaften oder durch Unterlassung
notwendiger Maßnahmen begeht. Wo hingegen das nullum-
crimen-Prinzip durch Handlungsbeschreibungen erfüllt wird,
dort allerdings — und allein dort — ergibt sich die kaum lös-
bare paradoxe Frage, wie jemand durch Nichthandeln im Sinne
einer präzisen Tatbeschreibung gehandelt haben soll. Es ist ein
offenes Geheimnis, daß die Rechtsprechung sich insoweit in
freier Rechtsfindung über das Fehlen einer tatbestandlichen
Grundlage hinweggesetzt hat. Richtigerweise hätte bei Handlungsdelikten eine Gleichstellung des Unterlassens mit dem
positiven Tun nur dort erfolgen dürfen, wo Pflichtdelikte in
den Tatbestand eines Handlungsdeliktes eingelagert sind, wie
z. B. in dem Fall, daß eine Mutter ihr Kind verhungern oder

daß ein Arzt den ihm anvertrauten Patienten durch pflicht-
widrige Nichtverabfolgung der lebensrettenden Medikamente
sterben läßt. Hier handelt es sich um eklatante Pflichtverstöße
im Rahmen eines vorher bestehenden sozialen Beziehungsver-
hältnisses, die nur deshalb nicht zu Sonderdelikten ausgeformt
werden mußten, weil der Handlungstatbestand auch des Tot-
schlages sie überdeckt. Bei solchen verkappten Pflichtdelikten
oder „unechten Handlungsdelikten", wie man sie auch nennen
könnte, ist es für die Tatbestandserfüllung freilich gleichgültig,
ob der Arzt durch eine überdosierte Einspritzung oder durch
deren völlige Unterlassung tötet, ob der Bahnbeamte den Zu-
sammenstoß durch falsches Stellen oder durch Nichtstellen der
Weiche herbeiführt. Denn bei der Ausübung strafrechtsunab-
hängiger sozialer Rollen, beim Kinderfüttern, Türenverschlie-
ßen, Weichenstellen, Rechtsmitteleinlegen wird die Bedeutung
von Tun und Lassen allein durch ihren Stellenwert im sozialen
Beziehungsverhältnis bestimmt und enthält von daher ihre tatbestandliche Relevanz. Wenn dagegen außerhalb des sozialen
Regelablaufes ein Unfall geschieht, ein Meineid geschworen
wird oder ein Wirtshausgast sich betrinkt, dann sind Rettungs-
und Hinderungspflichten von Unfallverursachern, Prozeßpar-
teien, Serviermädchen usw. mit den tatbestandlich umschrie-
benen Handlungen so wenig identisch, daß eine Subsumtion des
Untätigbleibens unter diese Beschreibungen dem nullum-crimen-
Satz nicht mehr gerecht wird. Die Ersetzung der fehlenden
Handlung durch Erfolgsabwendungspflichten ist dort, wo der
Gesetzgeber Handlungen tatbestandskonstituierend wirken läßt,
in Wahrheit eine freie richterliche Rechtsschöpfung gewesen[43].
§ 330 c StGB mit einigen Qualifikationen (etwa für die Inge-
renzfälle, Angehörige usw.) und die Schaffung weniger echter
Unterlassungsdelikte für sehr konkret angebbare Fallgruppen
hätten hier das nullum-crimen-Postulat erfüllen und unsere
Gleichstellungslehre vor dem verwirrenden Durcheinander bewahren können, das immer dann entstehen muß, wenn jeder
Autor und auch die Gerichte den Umfang der Unterlassungs-
haftung in quasi gesetzesschöpferischer Weise nach ihren eige-

---

[43] Das alles dogmengeschichtlich und in Auseinandersetzung mit der
umfangreichen neueren Unterlassungsliteratur im einzelnen auszuführen, ist
hier nicht der Raum. Es kommt mir hier nur darauf an, das angeführte
systematische Prinzip plausibel zu machen.

nen Vorstellungen bestimmen[44]. Hier sollte — zumindest de lege ferenda — eine Umorientierung erfolgen; und sie hätte (bei gründlicher Ausarbeitung mit reichem dogmatischen Ertrage!) längst erfolgen können, wenn das kriminalpolitische Leitprinzip der Tatbestandslehre dogmatisch fruchtbar gemacht worden wäre.

2. Ein zweites Gebiet, auf dem die geschilderte Systematisierung ganz neue Einsichten erschließt, ist die Teilnahmelehre. Dogmatisch geht es hier um ein Tatbestandsproblem, nämlich um die Frage, inwieweit ein Verhalten noch unter die Deliktsbeschreibungen gebracht werden kann und damit täterschaftsbegründend wirkt. Nur soweit das nicht der Fall ist, kommen die Strafbarkeitsausdehnungsgründe der Anstiftung und Beihilfe in Betracht. Die Rechtsprechung hat leider die Hinordnung der Teilnahmelehre auf den Tatbestand von Anfang an verkannt und so schon den Ansatzpunkt für ihre gesetzlich gebotene Orientierung am nullum-crimen-Prinzip verfehlt[45]. So konnte es geschehen, daß schon die loseste Beteiligung an Vorbereitungshandlungen — und wenn es nur ein Ratschlag oder ein zustimmendes Kopfnicken ist — jemanden vor unseren Gerichten zum Täter machen kann, während der zweifelsfrei tatbestandserfüllende Gefälligkeitstäter die Chance hat, mit der Gehilfenstrafe davonzukommen. Diese Entwicklung, die das Gesetz auf den Kopf gestellt und unsere Teilnahmelehre ins Chaos gestürzt hat, bezeichnet einen Irrweg, den auch die Rechtsprechung wohl oder übel wird verlassen müssen, weil der Wortlaut des 2. StrRG sich mit der sog. „subjektiven" Theorie nicht mehr vereinbaren läßt[46]. Es gilt zu erkennen, daß

---

[44] Man kann das sehr deutlich daran sehen, daß die neueren Monographien zur Gleichstellungsproblematik bei Unterlassungsdelikten (*Rudolphi*, 1966; *Pfleiderer, Bärwinkel, Welp*, alle 1968) sämtlich zu völlig verschiedenen Ergebnissen gekommen sind: Es handelt sich dabei eben nicht um Auslegung, sondern um eine Art von Gesetzesschöpfung, auch wenn die Autoren selbst sich dessen nicht bewußt sind.

[45] Dazu eingehend meine „Täterschaft und Tatherrschaft", 2. Aufl., 1967, S. 615 ff., *Sax*, JZ 1963, S. 332 ff.; besonders deutlich jetzt auch *Jescheck*, Allgemeiner Teil, 1969, S. 428 ff.

[46] § 25 Abs. 1 lautet danach: „Als Täter wird bestraft, wer die Straftat selbst oder durch einen anderen begeht." Wenn hier jeder, der die Tat „selbst" begeht, ausdrücklich als „Täter" bezeichnet wird, wird man ihn in Zukunft nicht mehr wegen fehlenden „Täterwillens" als bloßen Gehilfen bestrafen können. Dieselbe Folgerung ergibt sich aus der Streichung des früheren § 32 E 1962 (der beim Irrtum über den Tätervorsatz die Täter-

auch hier zwischen Handlungs- und Pflichtdelikten ein grund-
legender Unterschied besteht, weil ihre differenzierende Tat-
bestandsstruktur naturgemäß der Teilnahmelehre jeweils abweichende Linien vorzeichnen muß. Bei den Handlungsdelikten
ist Täter, wer die jeweilige Tatbestandshandlung beherrscht;
hier entscheidet also die Tatherrschaft. Bei den Pflichtdelikten
hingegen handelt tatbestandsmäßig nur — aber auch stets —
der, der die außerstrafrechtliche Pflicht verletzt, ohne daß es
auf die Herrschaft über das äußere Geschehen im geringsten
ankäme. Der Vermögensverwalter, der sich bei der Beiseite-
schaffung des ihm anvertrauten Vermögens auch nur im geringsten beteiligt, ist allemal Täter der Untreue, während der Extra-
neus, der das äußere Geschehen womöglich allein in der Hand
hat, trotz seiner Tatherrschaft nur Gehilfe sein kann. Von dieser
Grundlage aus läßt sich ein nach Herrschafts- und Pflichtdelikten trennendes System der Täterlehre bis in die Einzelheiten mit
erheblicher Exaktheit entwickeln. Ich habe das an anderer Stelle
in aller Gründlichkeit durchzuführen versucht[47] und verzichte
deshalb jetzt auf weitere Explikationen. Daß eine systematische
Betrachtungsweise der hier empfohlenen Art fruchtbar ist,
scheint mir jedenfalls hinreichend dargetan zu sein[48].

Ihr Ertrag für die Tatbestandslehre ist damit keineswegs
erschöpft. So ergibt sich z. B. die Einordnung des Vorsatzes in
den Tatbestand schon aus dem rechtsstaatlichen Bestimmtheits-
erfordernis: Handlungen und Pflichtverletzungen lassen sich
nicht als reine Kausalvorgänge beschreiben. Erst der Vorsatz

---

oder Teilnehmerstrafe von der Willensrichtung des Irrenden abhängig machte)
und der gleichzeitigen Beibehaltung des Erfordernisses einer vorsätzlichen
Haupttat für Anstiftung und Beihilfe in §§ 26, 27 des 2. Strafrechtsreformgesetzes: Wer jemanden zu einer Straftat in der irrigen Annahme bestimmt,
der Aufgeforderte werde vorsätzlich handeln, kann danach weder als Täter
noch als Teilnehmer bestraft werden, obwohl er nach der subjektiven Theorie
wegen seines „Teilnehmerwillens" ohne Zweifel wegen Anstiftung zur
Rechenschaft gezogen werden müßte.

[47] in meinem Buche über „Täterschaft und Tatherrschaft", 1./2. Aufl.,
1963/67.

[48] Die von mir durchgeführte Trennung von Herrschafts- und Pflichtdelikten wird für die Teilnahmelehre im Schrifttum mehr und mehr anerkannt; ausdrücklich in diesem Sinne *Schönke-Schröder*, Kommentar, 15. Aufl.,
1970, vor § 47, Nr. 7; § 266, Nr. 51; *Wessels*, Strafrecht, Allg. Teil, 1970,
§ 11 II, 2, S. 87/88. Im Ergebnis übereinstimmend auch *Schmidhäuser*,
Allgemeiner Teil, 1970, S. 425, der freilich die Pflichtdelikte wegen der
Garantenstellung des Pflichtigen als Unterlassungsdelikte ansieht und erst
auf diesem Umweg zur Täterschaft kommt.

verleiht einem Geschehen begrenzende Konturen[49]. Sieht man von ihm ab, wie es das sog. „klassische" System unter dem fortwirkenden Einfluß des Naturalismus getan hat, so führt das zwangsläufig zu rechtsstaatlich bedenklichen Strafbarkeitsüberdehnungen. So ist es in der Teilnahmelehre geschehen, wo man jede wie immer geartete „Kausalität" als objektiv für die Täterschaft ausreichend angesehen hat mit der Wirkung, daß entfernteste Vorbereitungshandlungen bei hinreichend bösem Willen die Tatbestandsstrafe auslösen können; die Tendenz zum Gesinnungsstrafrecht ist hier ganz unverkennbar, wie jede Analyse der Rechtsprechung belegt[50]. In der Fahrlässigkeitsdogmatik andererseits lehrt die hier umrissene Systemkonzeption, daß wir in diesem Bereich nicht Handlungs-, sondern Pflichtdelikte vor uns haben[51]. Infolgedessen kann eine dem Bestimmtheitsgrundsatz entsprechende Tatbestandsstrukturierung nur durch eine Typologie und Systematisierung der Verkehrspflichten erreicht werden, die zur Ausfüllung der — wie oft bei den Pflichtdelikten — blanketthaft formulierten Norm dienen. Die dogmatische Arbeit steht damit noch ganz am Anfang. Denn die überlieferte Reduzierung des Tatbestandes auf eine im Sinne der Äquivalenztheorie verstandene Kausalität hat einen von vornherein uferlos weiten Haftungsrahmen geschaffen, der auch durch die Merkmale der Vorhersehbarkeit und Vermeidbarkeit nicht auf ein rechtsstaatlich vertretbares Maß eingegrenzt werden kann. Abstrakt vorhersehbar und vermeidbar ist nämlich fast alles. Der Umfang dessen, was man bei Strafe vorherzusehen und zu vermeiden verpflichtet ist, ist in Wahrheit viel geringer und muß durch fixierbare Verhaltenspflichten bestimmt werden. Rechtsinstitute wie das erlaubte Risiko oder

[49] Vgl. dazu näher meine Ausführungen in ZStW, Bd. 80, 1968, S. 716.
[50] Vgl. meine „Täterschaft und Tatherrschaft", 2. Aufl., 1967, S. 597 ff., 615 ff.
[51] Ein Problem liegt hier darin, daß bei manchen Fahrlässigkeitstaten eine vortatbestandliche Pflichtverletzung, wie wir sie bei den vorsätzlichen Pflichtdelikten aufgewiesen haben, zu fehlen scheint. Doch hat das seine Ursache nicht in einer abweichenden Struktur der Fahrlässigkeit, sondern in der Unzulänglichkeit ihrer dogmatischen Ausarbeitung. Wenn wir in diesem Bereich weiterkommen wollen, wird es nötig sein, unabhängig von den Rechtsfolgen einer Erfolgsherbeiführung überall spezielle Verhaltenspflichten zu formulieren, ohne deren Verletzung eine Erfolgszurechnung ausscheidet. Die Entwicklung des Verkehrsstrafrechts zeigt das deutlich genug. Die nähere Ausführung dieser hier nur angedeuteten Konzeption muß einer anderen Gelegenheit vorbehalten bleiben.

der Vertrauensgrundsatz, die sich außerhalb der systematischen Kategorien entwickelt haben, weisen den notwendigen Weg der Pflichtentypisierung, desssen systematische Ausarbeitung allein den Fahrlässigkeitstatbeständen die feste Struktur geben kann, die uns bei den Vorsatzdelikten selbstverständlich ist.

Soviel zu den dogmatischen Auswirkungen einer vom nullumcrimen-Prinzip her geleiteten Tatbestandssystematisierung. Einige Andeutungen zur Methodologie, die ja durch das rechtspolitische Leitprinzip mitbestimmt wird, seien hinzugefügt. Die Tatbestandsmerkmale im engeren Sinne — also Begriffe wie „Gebäude", „fremd", „Sache" usw. — sind die Domäne der Definition und des exakten Subsumtionsschlusses, die vielfach als die im Strafrecht allein anzuwendenden Rechtsfindungsmethoden angesehen werden. Wie wenig das der Fall ist, wird noch zu zeigen sein: Bei der Auslegung fixierbarer Tatbestandsmerkmale aber hat diese Verfahrensweise ihren Platz, weil die logische Abfolge von Prämisse, Subsumtion und conclusio dem Prinzip der Gesetzesbestimmtheit im höchsterreichbaren Grade gerecht wird. Die weitere Frage, wie der Inhalt des Tatbestandsbegriffes selbst festzulegen sei, wird meist sehr pauschal dahin beantwortet, daß die einzelnen Tatbestandsmerkmale vom geschützten Rechtsgut her teleologisch ausgelegt werden müßten. Dieser recht banale Grundsatz hat nicht unbedenkliche Auswirkungen gehabt. Eine umfassende Analyse der Rechtsprechungsentwicklung könnte zeigen, daß unsere Gerichte, um einen von diesem Prinzip geleiteten, möglichst umfassenden und lückenlosen Schutz zu gewährleisten, eine extensive Tatbestandsinterpretation betrieben haben, die zum Ansteigen der Kriminalität bei manchen Delikten nicht unwesentlich beigetragen hat. Unter dem Blickwinkel des nullum-crimen-Satzes ist das Gegenteil richtig: nämlich eine restriktive, die magna-charta-Funktion des Strafrechts und seine „fragmentarische Natur" aktualisierende Auslegung, die nur den zum Schutze des Rechtsguts unverzichtbaren Strafbarkeitsbereich begrifflich einfängt. Dazu bedarf es regulativer Prinzipien wie etwa der von Welzel eingeführten Sozialadäquanz[52], die kein Tatbestandsmerkmal, wohl aber ein Interpretationsbehelf bei der Restriktion von

---

[52] Vgl. aus dem umfangreichen Schrifttum nur *Welzel*, Das Deutsche Strafrecht, 11. Aufl., 1969, S. 55 ff., der zutreffend von einem „allgemeinen Auslegungsprinzip" (S. 58) spricht.

Wortfassungen ist, die auch sozial erträgliche Verhaltensweisen decken. Hierher gehört ferner das sog. Geringfügigkeitsprinzip[53], das es bei den meisten Tatbeständen gestattet, bagatellarische Beeinträchtigungen von vornherein auszuscheiden: Eine Mißhandlung ist nicht jede, sondern nur die erhebliche Beeinträchtigung des körperlichen Wohlbefindens; entsprechend ist unzüchtig im Sinne des Strafgesetzbuches nur eine sexuelle Handlung von einiger Erheblichkeit[54], in krimineller Weise beleidigend nur eine schwerwiegende Beeinträchtigung des sozialen Achtungsanspruches. Als „Gewalt" sollte nicht jede geringfügige, sondern nur eine nachhaltige Behinderung gelten, so wie auch eine Drohung „empfindlich" sein muß, um die Schwelle der Kriminalität zu überschreiten. Wenn von diesen Ansätzen her das Instrumentarium unserer Tatbestandsinterpretation konsequent neugeordnet würde, wäre das über den Auslegungsgewinn hinaus ein bedeutender Beitrag zum Abbau der Kriminalität in unserem Lande.

VIII.

Wenden wir uns von hier aus den Rechtfertigungsgründen zu, deren kriminalpolitische Funktion wir vorhin als die der sozialen Konfliktlösung bezeichnet hatten, so gilt es zunächst zu erkennen, daß die empirische Realität, die dieser Deliktskategorie zugrunde liegt, sich vom Wirklichkeitsausschnitt der Tatbestände wesentlich unterscheidet. Mit den Rechtfertigungsgründen nämlich dringt die Dynamik sozialer Veränderungen in die Verbrechenslehre ein. Was eine Freiheitsberaubung, ein Hausfriedensbruch oder eine Beeinträchtigung der Körperintegrität ist, bleibt — abgesehen von Randverschiebungen im sozialadäquaten oder bagatellarischen Bereich — immer gleich[55].

---

[53] Ich habe diesen Maßstab als ein für die Bestimmung des Unrechts allgemein gültiges Prinzip erstmals in JuS 1964, S. 373 ff. (376/77) hervorgehoben. Der Gedanke wird aufgenommen und weiterentwickelt z. B. bei *Busse*, Nötigung im Straßenverkehr, 1968; *Berz*, GA 1969, S. 145 ff.; JuS 1969, 367 ff.; *Tiedemann*, JuS 1970, S. 112 (Bagatellprinzip) und Juristische Analysen, 1970, S. 261. Ferner Alternativentwurf eines Strafgesetzbuches, Besonderer Teil, Straftaten gegen die Person, Erster Halbband, S. 63/64.

[54] So ausdrücklich der Alternativentwurf §§ 125, 127, 128; in dem in Anm. 53 genannten Bande, S. 84, 86.

[55] Zwar wandelt sich auch die Sprache; aber ihre Inhaltsverschiebungen gehen sehr viel langsamer vor sich als die soziale Entwicklung.

Die Tatbestände sind also, soweit sie nicht durch Generalklauseln ihrer Aufgabe entfremdet werden[56], in die Grenzen sprachlich fixierter Begriffe gespannt. Die Gründe aber, aus denen es gestattet ist, Menschen festzunehmen, in Häuser einzudringen oder körperliche Eingriffe durchzuführen, wechseln ständig. Jede Änderung der Straf- oder Zivilrechtsordnung, jede Revision der Polizeigesetze, die sich wandelnden Anschauungen über Züchtigungsrechte, Impfzwang, Privatsphäre oder Demonstrationsrechte schaffen oder vernichten Rechtfertigungsgründe. Dieser Prozeß vollzieht sich nicht allein im Wege positivgesetzlicher Veränderung, sondern auch durch gewohnheitsrechtliche und richterliche Rechtsschöpfungen, wie sie im Züchtigungsrecht des Lehrers und im übergesetzlichen Notstand ihren bekanntesten Ausdruck gefunden haben. An der Ausformung dieser Eingriffsrechte, die soziale Notwendigkeit und individuelle Freiheit zum Ausgleich bringen, wirkt die gesamte Rechtsordnung mit[57].

---

[56] Generalklauseln wie auch normativ-wertende Merkmale haben die Eigenheit, Eingriffsrechte schon tatbestandsausschließend wirken zu lassen. Daraus erklärt es sich, daß bei manchen Deliktsbeschreibungen des Besonderen Teils — z. B. beim Diebstahl und Betrug — Rechtfertigungsgründe kaum vorstellbar sind: Wer ein Recht auf eine Sache oder einen Vermögensvorteil hat, erfüllt schon den subjektiven Tatbestand nicht, weil ihm die Absicht rechtswidriger Zueignung oder Bereicherung fehlt. Wer durch Notwehr gedeckt mit Steinen um sich wirft, erfüllt nicht einmal den objektiven Tatbestand des groben Unfuges usw. (vgl. dazu näher meinen Aufsatz in MSchrKrim 1961, S. 211 ff.). Auch das Tatbestandsmerkmal der „Verwerflichkeit" in § 240 Abs. 2 StGB schließt sämtliche Unrechtsausschließungsgründe in sich: Wer gerechtfertigt nötigt, kann niemals „verwerflich" im Sinne dieser Vorschrift handeln (dazu näher mein Aufsatz in Jus 1964, S. 373 ff.). Weil sich in diesen und manchen anderen Fällen Norm und Erlaubnissatz nicht sauber getrennt auf Tatbestand und Rechtswidrigkeit „verteilen" lassen, empfiehlt es sich, diese beiden vielfach ineinander verzahnten Kategorien im Begriff eines Unrechts-Gesamttatbestandes zusammenzufassen (wie ich es im Anschluß an *Lang-Hinrichsen*, JR 1952, S. 306/07, JZ 1953, S. 363, schon in meinem Buch über „Offene Tatbestände und Rechtspflichtmerkmale, 1959, vorgeschlagen hatte). Das ändert jedoch nichts daran, daß die Struktur der Erlaubnissätze, mit der sich der Text beschäftigt, anders geartet ist als die der Normen. Man darf also die „Lehre von den negativen Tatbeständen", die bekanntlich vor allem für die Behandlung der irrigen Annahme von Rechtfertigungsvoraussetzungen Bedeutung hat, nicht so verstehen, als ob die Erlaubnissätze — von ihrer „Negativität" als Unrechtsvoraussetzung abgesehen — strukturell ebenso geartet seien wie die Normen.

[57] Es ist klar, daß von diesem Verständnis her die Einwilligung nicht als Rechtfertigungsgrund, sondern als tatbestandsausschließend angesehen werden muß. Diese Einsicht setzt sich auch sonst bei Finalisten und Nichtfinalisten immer mehr durch; vgl. etwa *Hirsch*, ZStW, Bd. 74, 1962, S. 104 einer-, sowie *Schmidhäuser*, Strafrecht, Allg. Teil, 1970, S. 215, andererseits.

Von dieser kriminalpolitischen Funktion her muß die Systematisierung der Rechtswidrigkeit in Angriff genommen werden. Es ist bekannt, daß die meisten bisherigen Versuche über sehr formale Abstraktionen oder lockere Aneinanderreihungen nicht hinausgekommen sind[58]. Analysiert man die Mittel, mit denen der Gesetzgeber das Problem sozialer Konfliktlösung bewältigt, so zeigt sich jedoch, daß es sich um eine begrenzte Zahl materieller Ordnungsprinzipien handelt, die in verschiedenartiger Abwandlung den Inhalt der Rechtfertigungsgründe bestimmen und deren Zusammenspiel im konkreten Fall das Urteil über die soziale Nützlichkeit oder Schädlichkeit eines Verhaltens, über Rechtfertigung oder Unrecht, festlegt[59].

Bei der Notwehr etwa sind es die Prinzipien des Selbstschutzes und der Rechtsbewährung, die der gesetzlichen Regelung zugrunde liegen[60]. Das heißt: Jeder hat das Recht, sich gegen verbotene Angriffe derart zur Wehr zu setzen, daß er keinen Schaden leidet. Er darf aber auch dort, wo er sich dem Angriff entziehen könnte, immer noch Notwehr üben. Das Prinzip der Rechtsbewährung (der Gedanke also, daß das Recht dem Unrecht nicht zu weichen brauche) greift hier über die Selbstschutzbelange hinaus und verdrängt auch das Güterabwägungsprinzip, das sonst bei den Rechtfertigungsgründen oft entscheidende Bedeutung gewinnt. Selbstschutz und Rechtsbewährung finden ihre gemeinsame Grenze nur an dem die gesamte Rechtsordnung durchwaltenden Prinzip der Verhältnismäßigkeit, das bei völliger Disproportionalität der im Widerstreit stehenden Rechtsgüter (also in den bekannten Fällen, daß zur Abwehr von bagatellarischen Schäden schwere Körperverletzungen zugefügt werden usw.) zur Versagung der Not-

---

[58] Richtungweisend dagegen *Stratenwerth*, Prinzipien der Rechtfertigung, in: ZStW, Bd. 68, 1956, S. 41—70.

[59] Für den Fall des § 240 Abs. 2 StGB, der seinem Wortlaut nach unmittelbar auf das Prinzip der materiellen Rechtswidrigkeit zurückgreift, habe ich eine Systematisierung der hier in Betracht kommenden Ordnungsprinzipien in JuS 1964, S. 373 ff. versucht; darauf beruht auch der Gesetzesvorschlag für den Nötigungstatbestand in § 116 des Alternativentwurfs (Straftaten gegen die Person, Erster Halbband, 1970, S. 62—67). Ich darf auf diese Abhandlung hier verweisen, weil sie ein anschauliches Beispiel für die im Text aus Raummangel nur fragmentarisch exemplifizierten Thesen bietet.

[60] Eine eingehende methodologische Begründung für diese Annahme und ihre Verdeutlichung anhand einer reichen Kasuistik findet sich in meiner Abhandlung über „Die provozierte Notwehrlage", in: ZStW, Bd. 75, 1963, S. 541 ff.

wehr führt. Es sind demnach drei sozialregulierende Prinzipien, deren Verschränkung der Dogmatik des Notwehrrechtes den Weg weist; es wird noch zu zeigen sein, wie sich das auf die Interpretation auswirkt.

Aus ähnlichen Prinzipienkombinationen bestehen auch die übrigen Rechtfertigungsgründe: Beim defensiven Notstand (§ 228 BGB) etwa verbinden sich Selbstschutz- und Güterabwägungsprinzip; denn das Rechtsbewährungsprinzip hat beim Fehlen eines persönlichen Angreifers keinen Sinn. Der sog. übergesetzliche Notstand enthält das Güterabwägungs- und das Autonomieprinzip. Das heißt: Grundsätzlich rechtfertigt die Wahrung des in der konkreten Situation wertvolleren oder stärker gefährdeten Rechtsgutes. Mit diesem Grundsatz kreuzt sich aber die Garantie der Persönlichkeitsautonomie, die es beispielsweise verbietet, daß jemand zum Wohle der Allgemeinheit zwangskastriert oder daß ihm zu Transplantationszwecken eine Niere wider seinen Willen herausoperiert werde.

Es ist hier nicht der Ort, die Verknüpfung solcher Regelungsgesichtspunkte bei allen Rechtfertigungsgründen durchzuproben. An dieser Stelle kommt es nur darauf an, die Aufgabe der Systematik im Bereiche der Rechtswidrigkeit deutlich zu machen: Sie besteht darin, aus der Masse der Rechtfertigungsgründe den Katalog der sehr viel weniger zahlreichen sozialgestaltenden Prinzipien möglichst komplett herauszuarbeiten und deren Verhältnis zueinander — das Prinzipiengeflecht gewissermaßen — deutlich zu machen. Der innere Zusammenhang der auf diese Weise ans Licht zu hebenden Leitgesichtspunkte würde manche Fragen klären, die bisher in Ermangelung übergreifender Gesichtspunkte bei den verschiedenen Rechtfertigungsgründen widersprüchlich behandelt werden.

So läßt sich z. B. aus § 81 a StPO und aus den Impfgesetzen die allgemeine Erkenntnis gewinnen, daß das Autonomieprinzip ungefährlichen und keine Dauerwirkungen hinterlassenden körperlichen Eingriffen zur Wahrung überragender Rechtsgüter nicht im Wege steht; dann kann es aber nicht richtig sein, daß beim übergesetzlichen Notstand die zwangsweise Blutentnahme zur Rettung eines unmittelbar bedrohten Menschenlebens schlechthin unzulässig sein soll, wie es die herrschende Meinung annimmt[61]. Oder wenn etwa das Prinzip des Vorranges staatlicher Zwangsmittel, das sich als tragender Grundsatz sozialer Konfliktslösung aus § 229 BGB und zahlreichen anderen Vorschriften entnehmen läßt, den Weg zum Gericht der gewaltsamen privaten Selbsthilfe vorordnet, dann kann eine Lahmlegung des Verkehrs selbst bei ungerechtfertigt hohen Tarifen niemals durch übergesetzlichen Notstand gerechtfertigt sein[62].

Die mir vorschwebende Systematisierung der Rechtfertigungsprinzipien würde aber auch unabhängig von den übergreifenden Einsichten, die sie vermittelt, bei der Durchstrukturierung der einzelnen Unrechtsausschließungsgründe Wesentliches leisten. Die Entwicklung der Notwehrdogmatik z. B., die in den letzten Jahrzehnten immer mehr dahin gegangen ist, bei Angriffen von Kindern und Geisteskranken oder bei der Abwehr selbstverschuldeter Angriffe eine Ausweichpflicht zu bejahen, läßt sich durch das hier vorgeschlagene Verfahren als in der Sache richtig erweisen. Denn wenn der notwendige Selbstschutz eine Verletzung des Angreifers nicht fordert, könnte sie nur durch das Rechtsbewährungsprinzip gestattet sein. Dieses Prinzip kann aber von seinen kriminalpolitischen Prämissen her nicht für Kinder und Geisteskranke gelten, weil die Rechtsordnung sich nicht an Menschen zu „bewähren" braucht, die durch die von ihnen übertretenen Normen nicht motiviert werden konnten und gerade deshalb straflos bleiben[63]. Und es gilt, wie ich schon

---

[61] *Gallas*, Festschrift f. Mezger, 1954, S. 325; *Schönke-Schröder*, Strafgesetzbuch, 15. Aufl., 1970, vor § 51, Nr. 58; *Mezger-Blei*, Strafrecht, Allg. Teil, 13. Aufl., 1968, S. 149; *Jescheck*, Lehrbuch des Strafrechts, Allg. Teil, 1969, S. 242; *Schmidhäuser*, Strafrecht, Allg. Teil, 1970, S. 259; diese Ablehnung ist auch in die Begründung des E 1962, S. 160 eingegangen; modifizierend, aber im allgemeinen ebenfalls ablehnend: *Baumann*, Strafrecht, Allg. Teil, 5. Aufl., 1968, S. 336; *Wessels*, Strafrecht, Allg. Teil, 1970, S. 47/48.

[62] Grundsätzlich zu diesem Prinzip: *Roxin*, JuS 1964, S. 377/78. Im geschilderten Fall hätten die Demonstranten, die sich auf übergesetzlichen Notstand beriefen, beim Vorliegen eines Monopolmißbrauchs den Rechtsweg einschlagen müssen. Ähnliches gilt für Übergriffe bei Aktionen gegen die Notstandsgesetze: Deren eventuelle Verfassungswidrigkeit wäre durch das Bundesverfassungsgericht zu prüfen; solange diese Möglichkeit besteht, kann eine Rechtfertigung durch übergesetzlichen Notstand nicht in Betracht kommen.

[63] Übereinstimmend insoweit neuestens *Bockelmann*, Notwehr gegen verschuldete Angriffe, in: Festschrift für Richard M. Honig, 1970, S. 19—33 (30), und *Schmidhäuser*, Über die Wertstruktur der Notwehr, in derselben Festschrift, S. 185—199 (194). Für Schmidhäuser wird in der Notwehr „die Geltung der Rechtsordnung gegen einen Angriff auf diese Geltung verteidigt"; in der Sache entspricht das dem Rechtsbewährungsprinzip. Dagegen hält

früher in einer hier nicht näher auszuführenden Analyse[64] nachzuweisen versucht habe, auch nicht für selbst verschuldete Angriffe, weil der Angegriffene in einem solchen Falle zwar Schaden von sich abwenden, aber wegen seiner Mitverantwortung
für das Geschehen nicht zugleich die Belange der Gesamtrechtsordnung wahrnehmen darf[65].

Diese Andeutungen sollen zugleich zeigen, daß die Dogmatik
der Rechtfertigungsgründe wegen ihrer kriminalpolitisch abweichenden Zielsetzung auch methodologisch ganz anders zu
verfahren hat als die Tatbestandsdogmatik. Die Rechtfertigungsgründe dienen nicht der Beschreibung von Handlungen
(oder gar Pflichtverletzungen): Sie können das schon deshalb
nicht tun, weil sie in aller Regel für viele Tatbestände gemein-
sam gelten und die Art des erlaubten Eingriffs durch die Einzelheiten der oft unwiederholbaren Not- und Zwangssitua-
tion bestimmt wird. Es läßt sich hier also nicht mit der Subsumtion unter begrifflich fixierte Deskriptionen arbeiten. Vielmehr
kann das geschriebene Recht nur verhaltensleitende Maßstäbe
(nämlich die von mir geschilderten Prinzipien) aufstellen, die

---

Kratzsch, Grenzen der Strafbarkeit im Notwehrrecht, 1968, jede den Wortlaut des § 53 überschreitende Einengung des Notwehrrechts, also auch die
Statuierung einer Ausweichpflicht gegenüber Kindern und Geisteskranken
(a. a. O. S. 49), für eine gegen Art. 103 Abs. 2 GG (nullum crimen sine lege)
verstoßende und deshalb unzulässige Strafbarkeitsausdehnung (a. a. O.
S. 29—53). Das beruht auf der nicht weiter überprüften Prämisse, daß der
nullum-crimen-Satz bei den Eingriffsrechten genau dieselbe Funktion habe
wie bei den Tatbeständen im engeren Sinne, während der Text im Gegen-
satz dazu gerade darzutun versucht, daß der nullum-crimen-Satz bei Eingriffsrechten die Auslegung nicht auf den Wortlaut, sondern allein auf die
hinter ihm stehenden sozialen Ordnungsprinzipien beschränkt (vgl. S. 31/32).
[64] in ZStW, Bd. 75, 1963, S. 541 ff.
[65] Insoweit abweichend *Bockelmann*, der in seiner in Anm. 63 genannten
Arbeit als einziger Autor im neueren Schrifttum sogar bei der Absichtsprovo-
kation ein Notwehrrecht gewähren will. Bockelmann steht aber methodologisch auf demselben Boden wie die vorliegende Abhandlung, d. h. er er-
kennt das Selbstschutz- und das Rechtsbewährungsprinzip als für die Begren-
zung des Notwehrrechtes maßgebend ausdrücklich an: „Der Schutz von
Rechtsgütern erübrigt sich, wo man dem Angriff ausweichen kann. Wenn
überdies auch die Bewährung der Rechtsordnung überflüssig ist, dann ist nicht
Raum für Notwehr" (a. a. O. S. 30). Seine abweichende Ansicht erklärt
sich allein daraus, daß er auch den Provokateur zur „Bewährung" der Rechtsordnung für berufen hält. Noch anders wiederum *Schmidhäuser*, Strafrecht,
Allg. Teil, 1970, S. 278—281. Da es mir in der vorliegenden Abhandlung
nur um die Darlegung der Methode als solcher geht, muß ich die Auseinandersetzung mit den Problemen ihrer Anwendung im konkreten Fall
einer anderen Gelegenheit vorbehalten; sie würde den hier gesteckten Rahmen
sprengen.

an Hand des Rechtsstoffes zu konkretisieren sind. Diese Aufgabe der Entfaltung rechtlicher Ordnungsmaßstäbe vollzieht sich anders als die Tatbestandsinterpretation: Es ist für die einzelnen Rechtfertigungsgründe eine Phänomenologie der typischen Sachverhaltskonstellationen zu entwerfen (die bei der Notwehr also etwa nach den Angriffen von Kindern, Jugendlichen, Unzurechnungsfähigen, vermindert Zurechnungsfähigen, absichtlich, vorsätzlich oder fahrlässig Provozierten, nach dem Gesichtspunkt innerfamiliärer oder externer Auseinandersetzung, nach Angriffen auf die Ehre oder auf die Körperintegrität usw. zu differenzieren wäre). Auf diese Weise entsteht ein gegliedertes Bild der Lebenserscheinungen, eine Landkarte der Notwehr gewissermaßen. Der nächste Arbeitsgang besteht dann darin, — wenn ich weiter bei dem einmal gewählten Rechtfertigungsgrund bleiben darf —, die Prinzipien des Selbstschutzes, der Rechtsbewährung und der Verhältnismäßigkeit in die verschiedenen Ausschnitte der Notwehrbeschreibung als normative Leitlinien — als Wegweiser, wenn wir im Bilde bleiben wollen — einzuzeichnen. Aus dem Aufeinanderwirken von Rechtsstoff und Verhaltensmaßstab ergeben sich dann nach Fallgruppen abgewandelte Lösungen, die ein hohes Maß an Bestimmtheit mit kriminalpolitischer Richtigkeit verbinden[66]. Daß darin gegenüber unserer bisherigen Praxis ein Fortschritt liegt, läßt sich leicht erkennen. Die zahlreichen Urteile, die zur Notwehrproblematik in den letzten 20 Jahren Stellung nehmen mußten, berücksichtigen mit Recht die hier skizzierten Gesichtspunkte, müssen sich aber mangels dogmatischer Wegleitung mit allgemeinen Billigkeitserwägungen, mit der inhaltsleeren Zumutbarkeitsformel oder den kaum auslegungsfähigen Begriffen der Erforderlichkeit und Gebotenheit mühsam zu befriedigenden Ergebnissen hindurchtasten, deren Unsicherheit zu widersprechenden Entscheidungen führt. Dadurch entsteht der Eindruck einer Aufweichung des Notwehrrechtes, während das hier empfohlene Verfahren, das in entsprechender Weise überall anzuwenden wäre, dem umfangreichen Feld der Rechtfertigungsgründe feste Konturen geben würde.

---

[66] Für den Fall der „provozierten Notwehrlage" habe ich dieses Verfahren bis in die Einzelheiten seiner Anwendung in ZStW, Bd. 75, 1963, S. 583 ff. und passim, durchzuführen versucht.

Die eigenständige kriminalpolitische, dogmatische und methodologische Beschaffenheit des Rechtfertigungsbereichs läßt auch Rückschlüsse auf die Bedeutung des nullum-crimen-Satzes für die Eingriffsrechte zu. Da ihr Vorliegen oder Fehlen den deliktischen Charakter eines Verhaltens mitbestimmt, gilt Art. 103 Abs. 2 GG selbstverständlich auch hier. Doch wirkt sich das Postulat der Gesetzesbestimmtheit nach dem Gesagten nicht als Strukturprinzip dieser Deliktskategorie, sondern nur als Grenze für die Wandelbarkeit der sozialregulierenden Prinzipien aus. Das heißt: Da die Eingriffsrechte dem gesamten Rechtsbereich entstammen und, wie das Beispiel des übergesetzlichen Notstandes zeigt, auch ohne strafgesetzliche Fixierung aus allgemeinen Grundsätzen des positiven Rechts hergeleitet werden können, beeinflußt die vom nullum-crimen-Denken unabhängige Entwicklung anderer Rechtsgebiete über die Rechtfertigungsgründe unmittelbar den Umfang der Strafbarkeit, ohne daß das Strafgesetzbuch sich dabei ändern müßte. Die „lex" des Art. 103 Abs. 2 GG ist also nicht wie beim Tatbestand das Strafgesetz, sondern die Gesamtrechtsordnung. Insofern bringt die Dynamik der Rechtfertigungsgründe der Natur der Sache nach eine Auflockerung des nullum-crimen-Prinzips mit sich. Die Wandelbarkeit der rechtlichen Ordnungsmaßstäbe findet aber insoweit ihre Grenze am Bestimmtheitsgebot, als es unzulässig ist, durch kriminalpolitisch motivierte Erwägungen ein gesetzliches Regelungsprinzip hinwegzuinterpretieren oder ohne gesetzliche Grundlage einzuschränken[87]. So ist es z. B. nach geltendem Recht nicht zulässig, die Strafbarkeit im Notwehrbereich dadurch zu erweitern, daß man das Güterabwägungsprinzip generell auf diesen Rechtfertigungsgrund überträgt oder

---

[87] Deshalb habe ich Bedenken gegen die jüngst von *Schmidhäuser*, Festschrift für Richard M. Honig, S. 184 ff., entwickelte Lehre, die den Anwendungsbereich der Notwehr allein auf das Rechtsbewährungsprinzip (im Sinne der hier entwickelten Terminologie) reduziert und die Prinzipien des Selbstschutzes und der Verhältnismäßigkeit völlig ausschaltet. Diese Auffassung führt dazu, daß gegen den geisteskranken Amokläufer, der — in der Redeweise *Schmidhäusers* — die „Geltung" der Rechtsordnung nicht angreifen kann, nicht einmal zum Schutze des eigenen Lebens Notwehr geübt werden darf, während andererseits der Obst entwendende Landstreicher, wenn die übrigen Voraussetzungen der Notwehr erfüllt sind, sogar durch einen „lebensgefährlichen Schuß" (a. a. O. S. 198) soll abgewehrt werden dürfen. Mir ist zweifelhaft, ob diese Thesen mit den gesetzlichen Grundlagen des Notwehrrechtes noch in Einklang gebracht werden können.

daß man das Rechtsbewährungsprinzip ablehnt und überall eine Ausweichpflicht annimmt, wo man sich einem Angriff entziehen kann[68]. Beides mag kriminalpolitisch diskutabel oder sogar vernünftig sein. Aber die Entfaltung kriminalpolitischer Prinzipien darf sich von den Maßstäben des Gesetzgebers nicht lösen. Wo sie es tut, dient sie der lex ferenda und verläßt den Boden der Gesetzesauslegung. In diesem Punkt hat der nullum-crimen-Satz bei den Rechtfertigungsgründen durchaus seine Funktion. Anderseits wiederum spielt die Auslegungsgrenze der möglichen Wortbedeutung, die bei den Tatbeständen entscheidend ist, bei den Rechtfertigungsgründen keine maßgebliche Rolle[69]: Man muß, um ein früheres Beispiel aufzugreifen, dem Angriff von Kindern ausweichen, obwohl sich das nicht der sprachlichen Bedeutung der in § 53 StGB verwendeten Worte, sondern allein dem Gehalt der aus ihnen zu gewinnenden Rechtfertigungsprinzipien entnehmen läßt. Das alles läßt sich hier nur skizzenhaft und in vorläufiger Form umreissen: Es mag aber doch einen Eindruck davon erwecken, welches Arbeitsfeld die Rechtfertigungsdogmatik noch vor sich hat.

[68] Die zuletzt genannte Lösung, — also die Reduzierung der Notwehr auf das Selbstschutzprinzip —, die eine genaue Umkehrung der Schmidhäuser'schen These darstellt, ist in meinem strafrechtlichen Seminar wiederholt vertreten worden mit der Begründung, daß man die Gewaltanwendung durch Private, soweit sie nicht ausschließlich dem eigenen Schutz diene, grundsätzlich tabuieren müsse; zur „Rechtsbewährung" sei nur der Staat, nicht der einzelne berufen. In der Tat scheint mir das de lege ferenda erwägenswert: Ob die Aufgabe des Rechtsbewährungsprinzips eine wünschenswerte Einschränkung der Gewalt bei innergesellschaftlichen Auseinandersetzungen mit sich bringen oder ob sie im Gegenteil dazu führen würde, daß „Schlägertypen" ihren Agressionen nur umso ungehemmter freien Lauf lassen würden, ist eine sozialpsychologische Fragestellung, deren Beantwortung empirischer Verifizierung zugänglich sein müßte. Je nach deren Ausfall wäre die Notwehrbestimmung de lege ferenda auszugestalten. Wir sehen hier ein schönes Beispiel dafür, wie psychologische und soziologische Forschungen für die Kriminalpolitik und die Strafrechtsdogmatik unmittelbar fruchtbar gemacht werden können. Gleichzeitig zeigt sich aber auch, in welchem Maße der hier gewählte Systemansatz in der Lage ist, die eigentlichen Sachprobleme des Notwehrrechtes (und Entsprechendes würde für die übrigen Rechtfertigungsgründe gelten) in den Blick zu bringen. Daß die Tragweite der einzelnen Rechtfertigungsprinzipien von den verschiedenen Autoren noch unterschiedlich bestimmt wird, hat seinen Grund nicht zuletzt darin, daß die hier vorgeschlagene dogmatisch-systematische Behandlung der Rechtfertigungskategorie, was ihre Ausarbeitung im Detail anlangt, noch in den Kinderschuhen steckt.

[69] Darin scheint mir das Grundgebrechen der im übrigen in sich konsequenten Arbeit von *Kratzsch*, Grenzen der Strafbarkeit im Notwehrrecht, 1968, zu liegen; vgl. dazu schon Anm. 63.

IX.

Die dritte unserer systematischen Grundkategorien — die
Schuld — wird kriminalpolitisch von der Strafzwecklehre her
geprägt. Steht nämlich einmal fest, daß das Handeln des Täters
vom Standpunkt sozialer Konfliktsregelung aus falsch war,
dann bleibt für die dogmatische Arbeit nur noch die weitere
Frage zu beantworten, ob ein solches Verhalten Strafe verdient.
Mit dieser Frage hat alles zu tun, was unter dem Gesichtspunkt
der Schuld abgehandelt zu werden pflegt[70]. Um mit dem ein-
fachsten zu beginnen: Wenn jemand — aus welchem Grunde
auch immer — das von ihm verwirklichte tatbestandliche
Unrecht nicht vermeiden konnte, ist eine Bestrafung vom Standpunkt jeder nur denkbaren Straftheorie aus schlechthin zweck-
los: Man kann eine fehlende Schuld nicht vergelten wollen[71];
die Allgemeinheit von der Herbeiführung unvermeidbarer Folgen abschrecken zu wollen, hat keinen Sinn; und eine spezialpräventive Einwirkung auf einen Menschen, dem man sein
Verhalten nicht vorwerfen kann, ist entweder unnötig oder, wie
bei Geisteskranken, durch das Mittel der Strafe nicht zu
erreichen. Das sind selbstverständliche Einsichten, auch wenn sie
erst im Laufe einer langen Rechtsentwicklung haben durchgesetzt werden müssen. Aber die Dogmatik der Schuldlehre erschöpft sich in ihnen nicht. Denn in diesen Bereich gehören auch
Konstellationen, bei denen der Erfolg sich möglicherweise hätte
verhindern lassen, und gerade hier werden die Antinomien der
Strafzwecklehre dogmatisch fruchtbar. Ich nenne nur drei Beispiele:

1. Es ist bekannt, daß bei den Zwangssituationen, die vom
   Gesetz als Schuldausschließungsgründe ausgestaltet sind
   (also vornehmlich den §§ 52, 54, 53 III StGB), die Mög-

---

[70] Ich bin mir bewußt, daß ich damit — ebenso wie mit der vorgeschlagenen Tatbestandssystematisierung — von allen sonst vertretenen Auf-
fassungen abweiche. Insbesondere folge ich nicht der vordringenden Ansicht,
die das Wesen der Schuld allein in der „fehlerhaften Gesinnung" des Täters
erblickt. Ich glaube, — wie der Text zeigen soll —, daß damit nur ein Teil-
aspekt der Problematik erfaßt wird.
[71] In diesem Zusammenhang sehe ich davon ab, daß die Vergeltung
überhaupt als ein untaugliches Element der Strafzwecklehre anzusehen ist;
vgl. dazu näher meine Abhandlungen über „Sinn und Grenzen staatlicher
Strafe", in JuS 1966, S. 377 ff. und über „Franz von Liszt und die kriminalpolitische Konzeption des Alternativentwurfs", in: ZStW, Bd. 81, 1969,
S. 613 ff.

lichkeit des Andershandelns nicht schlechterdings fehlt. Jeder Krieg hat gezeigt, daß der Mensch notfalls auch Lebensgefahren bestehen kann. Wenn der Gesetzgeber trotzdem schon bei Handlungen, die unter dem Druck einer ernsten Leibesgefahr erfolgt sind, auf eine Sanktion verzichtet, dann geschieht das deswegen, weil die irreguläre Unwiederholbarkeit solcher Situationen general- und spezialpräventive Einwirkungen unnötig macht, die — geringe — Schuld als solche aber eine staatliche Strafe nicht rechtfertigen kann. Von der Sache her wäre es also vielleicht richtiger, von Verantwortlichkeit anstatt von Schuld zu sprechen. Denn die Schuld ist nur einer der Faktoren, die über die strafrechtliche Verantwortlichkeit entscheiden. Gerade der Umstand, daß bei den anfangs erwähnten gefahrenträchtigen Berufen andere Entschuldigungsmaßstäbe gelten, beweist, wie bei gleicher Schuldhöhe präventive Gesichtspunkte über die Sanktionsbedürftigkeit entscheiden können.

2. Der dogmatische Ertrag einer solchen Betrachtungsweise zeigt sich besonders dort, wo der Gesetzgeber eine Rechtsfolge offengelassen hat. Das bedeutendste Beispiel dafür ist die Irrtumslehre. Die Frage etwa, die in den Fünfzigerjahren die heftigsten wissenschaftlichen Diskussionen ausgelöst hat, wie die irrige Annahme von Rechtfertigungsvoraussetzungen zu beurteilen sei, kann weder aus der Handlungslehre noch aus einer vermeintlich vorgegebenen Struktur des Vorsatzes oder sonstigen begriffslogischen Ableitungen beantwortet werden[72]. Vielmehr sollte die Verhängung der Vorsatzstrafe richtigerweise allein davon abhängig gemacht werden, ob jemand, dessen Handlungsziele mit den rechtlichen Vorstellungen des Gesetzgebers völlig übereinstimmen, der aber aus Unachtsamkeit die äußere Situation verkennt, *von den Aufgaben des Strafrechts her* als vorsätzlicher Delinquent behandelt werden muß. Daß eine solche Annahme — auch bei einem Irrtum über die Voraussetzungen des übergesetzlichen Notstandes — völlig verfehlt wäre und in aller Regel selbst eine Fahrlässigkeitsbestrafung bei solchen Taten unnötig und

---

[72] Darüber eingehend meine Abhandlung „Zur Kritik der finalen Handlungslehre", in: ZStW, Bd. 74, 1962, S. 515 ff. (550 ff.).

unangemessen ist, habe ich an anderer Stelle ausführlich nachzuweisen versucht[73]. In diesem Zusammenhang wichtig ist mir nur der Hinweis, daß die sog. Irrtumstheorien allein von der Strafzwecklehre her begründet werden sollten. Ein Auseinanderklaffen von systemgebundener dogmatischer Konstruktion und kriminalpolitischer Wertung wäre dann von vornherein unmöglich.

3. Entsprechendes gilt für den Rücktritt vom Versuch, der herkömmlicherweise unter die persönlichen Strafaufhebungsgründe eingeordnet wird. Aber zu Unrecht: Gegenstand strafrechtlicher Beurteilung sind nicht Teilmomente, sondern alle relevanten Umstände des Gesamtgeschehens, d. h. also die Versuchshandlung unter Einschluß des Rücktritts[74].

---

[73] in der Abhandlung „Die Behandlung des Irrtums im Entwurf 1962", in: ZStW, Bd. 76, 1964, S. 582 ff.

[74] Das entspricht insoweit dem von Lang-Hinrichsen entwickelten „erweiterten Tatbegriff"; vgl. darüber zuletzt zusammenfassend *Lang-Hinrichsen*, Bemerkungen zum Begriff der „Tat" im Strafrecht, in: Festschrift für Karl Engisch zum 70. Geburtstag, 1969, S. 353 ff.; 366 ff. (371): „Die vollständige Bewertungsgrundlage ist der dynamische Vorgang der freiwilligen Transformation eines zunächst gegen ein Rechtsgut gerichteten und betätigten Willens in einen rechtstreuen Willen, der auf die Verhinderung der Rechtsverletzung gerichtet ist. Dieser Gesamtvorgang bildet eine einheitliche, neue Bewertungsgrundlage, ein einheitliches Wertgefüge neuen Ranges, das gesetzgeberisch zu einer anderen Beurteilung der Strafwürdigkeit Anlaß gegeben hat." Wenn Lang-Hinrichsen den freiwilligen Rücktritt nicht „auf der Schuldebene", sondern „auf der Ebene der Strafwürdigkeit der ‚Tat‘ im Sinne der Gesamttat bei werteinheitlicher Betrachtung" einordnen will, dann liegt das vornehmlich an seiner anders gearteten Schuldkonzeption, die es nicht gestattet, den Gesichtspunkten der Strafzwecklehre Rechnung zu tragen. An Lang-Hinrichsen anschließend *Schmidhäuser*, Strafrecht, Allg. Teil, 1970, S. 498/99; auch er leitet das Rücktrittsprivileg aus der Strafzwecklehre her, bleibt aber bei der Annahme eines „persönlichen Strafaufhebungsgrundes" (S. 497) stehen, weil er die im Text dargelegte Unterscheidung von kriminalpolitischen und allgemein rechtspolitischen Gesichtspunkten der Strafbefreiung nicht kennt. Im Schrifttum wird der Rücktritt nur von *Schönke-Schröder*, Strafgesetzbuch, 15. Aufl., § 46 Nr. 2, 38 als Schuldproblem behandelt (als „sinnvoll" anerkannt wird ein solches Verfahren immerhin auch bei *Baumann*, Strafrecht, Allg. Teil, 5. Aufl., 1968, S. 516 oben). *Schröder* spricht aber — ohne nähere Begründung — von einem „Schuldtilgungsgrund", behält also die selbständige Bewertung von Versuch und Rücktritt bei. Gegen die h. L. wendet sich — mit bemerkenswerten Überlegungen zur teleologischen Orientierung des Strafrechtssystems — auch Reinhard *v. Hippel*, Untersuchungen über den Rücktritt vom Versuch, 1966, der aber den Rücktritt als negatives Tatbestandsmerkmal ansieht; vgl. dazu die Rezension von *Lang-Hinrichsen*, in: JR 1968, 278/79.

Auch für den Richter geht es nicht um eine Strafaufhebung; er hat darüber zu entscheiden, ob in Rücktrittsfällen eine Strafe überhaupt erst verhängt werden soll. Ob aber das Verhalten des zurückgetretenen Täters der Sanktionierung bedarf, ist eine genuin *strafrechtliche* Frage, die deshalb richtigerweise im Bereich der Schuld behandelt werden muß. Kategorien wie die der objektiven Bedingungen der Strafbarkeit, der persönlichen Strafausschließungs- und Strafaufhebungsgründe erhalten demgegenüber ihren Inhalt nicht aus *kriminalpolitischen*, sondern aus davon unabhängigen allgemein *rechtspolitischen* Überlegungen. Wenn etwa die Indemnität der Abgeordneten oder die mangelnde Verbürgung der Gegenseitigkeit bei strafbaren Handlungen gegen ausländische Staaten einer Bestrafung im Wege stehen, dann ergibt sich das nicht aus den Aufgaben des Strafrechts, sondern aus dem Interesse an der Funktionsfähigkeit unserer Parlamente und aus politischen Belangen im zwischenstaatlichen Verkehr. Ebenso ist die Straflosigkeit des Ehegattendiebstahls nur insoweit ein persönlicher Strafausschließungsgrund, als man die ratio dieser Vorschrift im Schutz des Familienfriedens erblickt. Hält man dagegen wegen der Besonderheit der Ehegattenbeziehung schon eine Strafwürdigkeit für nicht gegeben, handelt es sich um ein Schuldproblem mit der Folge, daß beispielsweise die Irrtumsfragen völlig anderer Beurteilung unterliegen.

Von hier aus gesehen kann nicht zweifelhaft sein, daß der Rücktritt vom Versuch kein allgemein rechtspolitisches, sondern ein spezifisch kriminalpolitisches Problem ist. Der Begriff der Freiwilligkeit, an den die strafbefreiende Wirkung des Rücktritts geknüpft ist, ist also normativ, und zwar von der Strafzwecklehre her auszulegen. Wenn jemand den zum tödlichen Schlage schon erhobenen Arm wieder sinken läßt, weil er es im letzten Augenblick doch nicht übers Herz bringt, sein Opfer zu töten, dann kann es für die Bejahung der Freiwilligkeit des Rücktritts nicht auf die empirisch ohnehin meist unlösbare Frage ankommen, ob dem Zurücktretenden ein Weiterhandeln psychisch noch möglich gewesen wäre[75]. Entscheidend ist viel-

---

[75] So aber im wesentlichen die Rechtsprechung; vgl. zusammenfassend BGHSt. 9, 48 ff. (50), wo freilich erstmals auch kriminalpolitische Erwägungen im Sinne der Strafzwecklehre zum Durchbruch drängen, vgl. a. a. O. S. 52: „Denn eine Strafe erscheint . . . nicht mehr nötig, um den Täter für die

mehr, daß der Rücktritt sich von den Maßstäben des Verbrecherhandwerks her als unvernünftig und damit vom Standpunkt des Gesetzes aus als Rückkehr zur Legalität darstellt. Ist das, wie in meinem Beispiel, der Fall, so ist die Freiwilligkeit allemal zu bejahen[76]. Denn was der Täter selbst noch vor dem Erfolgseintritt wieder gutgemacht hat, braucht ihm nicht vergolten zu werden. Eine Allgemeinabschreckung ist überflüssig, und auch der Sicherungs- und Besserungszweck der Strafe entfällt. Maßgebend ist also nicht die Stärke des psychischen Motivationsdruckes, die den Täter zum Rücktritt bewegt, sondern der Umstand, daß er bei einer Gesamtbeurteilung seines Tatverhaltens letzten Endes in den Bahnen des Rechtes geblieben ist. Das psychologische Paradox, mit dem die Rechtsprechung sich sehr hat abmühen müssen, daß nämlich die Begründung der Freiwilligkeit eines Rücktritts um so schwieriger wird, je stärker die Gewissensbedenken sind, die den Täter von der Vollendung abgehalten haben, löst sich bei einer solchen Betrachtungsweise in nichts auf.

Entsprechendes gilt im umgekehrten Fall: Wenn der Täter nur deshalb zurücktritt, weil er beobachtet worden ist und eine Anzeige befürchtet, so mag ihm, wie es bei den kaltblütigsten Delinquenten am ehesten geschieht, die Deliktsvollendung sehr leicht noch möglich sein. Aber darauf kommt es nicht an. Denn das Abstehen von der Tatausführung zeigt hier nur, daß wir keinen tölpelhaften, sondern einen vom Standpunkt der Verbrechervernunft aus klugen Delinquenten vor uns haben. Die Notwendigkeit spezialpräventiver Einwirkung wird dadurch nicht vermindert; und das schlechte Beispiel, das der Täter gesetzt hat, läßt auch aus generalpräventiven Gründen eine Strafsanktion als erforderlich erscheinen. Ein solcher Rücktritt ist also unfreiwillig.

Die wenig geglückte Wortfassung des § 46 StGB und irreführende Faustregeln wie die Franksche Formel („Ich will nicht, obwohl ich kann; ich kann nicht, obwohl ich will") haben lange Zeit bewirkt, daß der normative Gehalt des Rücktrittsprivilegs durch verquälte psychologische Konstruktionen fast verschüttet

---

Zukunft von Straftaten abzuhalten, um andere abzuschrecken und um die verletzte Rechtsordnung wiederherzustellen."
[76] Diese Konzeption habe ich (mit Beispielen) näher entwickelt in meinem Literaturbericht, in ZStW, Bd. 77, 1965, S. 96 ff.

wurde. Darin zeigen sich die Schwächen einer Dogmatik, die viel zu wenig darum bemüht gewesen ist, die leitenden Wertungsgesichtspunkte der gesetzlichen Straffreistellungen herauszuarbeiten und zur Grundlage ihres Systems zu machen. Die rein begrifflich-konstruktive Zweiteilung zwischen strafbegründendem Versuch und strafaufhebendem Rücktritt und die daraus abgeleitete Zuweisung zu einer besonderen „Verbrechensstufe" ist nämlich dogmatisch durchaus unfruchtbar und hat die Rücktrittslehre in eine Vielzahl von Einzelergebnissen zerfallen lassen, deren Wertungszusammenhang kaum noch erkennbar ist. So läßt beispielsweise allein die oben entwickelte kriminalpolitische Deutung des Freiwilligkeitskriteriums die These der Rechtsprechung plausibel werden, daß der Täter seinen Plan endgültig aufgegeben haben muß, wenn er die Straffreiheit erlangen will. Vom hier vertretenen Standpunkt aus ist diese Forderung deshalb ohne weiteres einleuchtend, weil das Verschieben der Ausführung auf die nächste, günstigere Gelegenheit natürlich keine Rückkehr in die Legalität bedeutet. Die von den psychologisierenden Lehren her zu stellende Frage nach der Stärke des Motivationsdrucks gibt demgegenüber für die Lösung eines solchen Problems überhaupt nichts her, so daß die von der Rechtsprechung verfochtene Annahme bei aller Richtigkeit dogmatisch in der Luft hängt[77].

---

[77] Ähnliches ergibt sich für die Abgrenzung von Rücktritt und fehlgeschlagenem Versuch, wo die Rechtsprechung (vgl. BGHSt. 10, 129 ff.; 14, 75 ff.) immer noch psychologisierend danach unterscheiden will, ob der Täter den Erfolg durch die erste (fehlgeschlagene) Teilhandlung oder durch mehrere Einzelakte erreichen wollte. Nur im zweiten Fall soll nach einer anfänglich mißglückten Teilhandlung noch ein freiwilliger Rücktritt möglich sein. Wenn aber A in Tötungsabsicht mit dem Beil auf B einschlägt und nach dem ersten Hieb aufhört, obwohl er ihn ohne Gefahr vollends totschlagen könnte, so ist der Rücktritt allemal freiwillig, weil vom Standpunkt des Totschlägerhandwerks aus unvernünftig. Die Frage, auf die die Rechtsprechung in solchen Fällen abstellen will, ob nämlich der Täter sein Opfer mit einem Schlage (dann fehlgeschlagener Versuch) oder mit mehreren Beilhieben (dann freiwilliger Rücktritt) töten wollte, ist von vornherein wenig sinnvoll, weil sie je nach dem gewünschten Ergebnis zu psychologischen Fiktionen führt. Wie hier im Ergebnis *Otto*, Fehlgeschlagener Versuch und Rücktritt, Goltdammers Archiv 1967, S. 144—153; *Otto* verwertet ein umfangreiches Rechtsprechungsmaterial und weist auf die sachliche Übereinstimmung mit meiner Konzeption ausdrücklich hin (a. a. O. S. 152 Anm. 34). Sehr zutreffend jetzt auch *Schmidhäuser*, Strafrecht, Allg. Teil, 1970, S. 502: „Hat der Täter mehrere Kugeln zur Tötung des Opfers im Pistolenmagazin, so ist der Versuch so lange noch nicht fehlgeschlagen, als der Täter mit Aussicht auf Erfolg weiterschießen zu können glaubt, und es ist ganz unerheblich, ob der Täter mit einem einzigen Schuß töten wollte oder nicht."

Damit will ich die Reihe der Beispiele verlassen. Sie mögen
— fragmentarisch, wie sie notgedrungen sind — doch einen
Eindruck davon vermittelt haben, daß eine Systematisierung
der strafrechtlichen Verantwortlichkeit von der Strafzwecklehre
her manche alten Streitfragen in ein anderes und helleres Licht
rücken könnte. Diese Aussage soll hier nur als Programm verstanden werden: Seine Ausarbeitung setzt von den straftheo-
retischen Grundfragen bis hinab zu den Details der Fahrlässigkeitsdogmatik mehr voraus, als auf kurzem Raum gegeben
werden kann. Stattdessen noch ein Wort zum nulla-poena-Satz:
Er darf, da auch die Schuldmerkmale dazu dienen, das Maß
des Strafbaren zu bestimmen, in diesem Bereich nicht etwa
außer Kraft gesetzt werden. Aber er entfaltet hier — ähnlich
wie auf dem Felde der Rechtswidrigkeit — keine systembildende
Kraft und hindert den Gesetzgeber auch nicht, ungeklärte Fragen des Schuldausschlusses offenzulassen. Das zeigt die Behandlung zahlreicher Irrtumsfragen im geltenden und im künftigen
Recht ebenso wie die Rolle der Unzumutbarkeit bei Unter-
lassungs- und bei Fahrlässigkeitsdelikten, wo die auf vorsätz-
liche Begehungsdelikte zugeschnittenen Entschuldigungsgründe
den Anforderungen des Schuldprinzips nicht überall genügen
können. Es ist eine vordringliche Aufgabe, solche weißen
Flächen auf der dogmatischen Landkarte mit Hilfe der geschilderten kriminologischen Maßstäbe in systematisierender Arbeit
zu erschließen. Das nullum-crimen-Postulat steht dem nicht
entgegen, da es ja nicht einmal die Ausbildung neuer Rechtfertigungsgründe hindert. Wenn andererseits der Gesetzgeber
gesprochen hat, darf seine Regelung auch dort nicht durch Ana-
logien zuungunsten des Täters überspielt werden, wo sie von
den normativen Leitgedanken der Schuldlehre her als wenig
sachgerecht angesehen werden muß. Das gilt z. B. für die objektive Fassung des § 46 Nr. 2 StGB, die in manchen Fällen
trotz fehlender Freiwilligkeit Straffreiheit gewährt[78]. Hier ist
es die Aufgabe der Dogmatik, solche Unstimmigkeiten herauszuarbeiten und den Gesetzgeber zu ihrer Beseitigung anzu-

---

[78] Daß hier eine „Wertungskorrektur" zuungunsten des Täters de lege lata
nicht stattfinden dürfe, entspricht der herrschenden, wenn auch nicht un-
angefochtenen Meinung.

halten[79]. Daß dagegen zugunsten des Täters die bessere Sacheinsicht schon nach geltendem Recht durchgesetzt werden darf, versteht sich am Rande.

X.

Einige resümierende und systematisch über das Bisherige hinausgreifende Bemerkungen sollen diesen Abriß beschließen. Strafrecht und Kriminalpolitik: Das sind, wenn man meinen Darlegungen folgt, nicht die Gegensätze, als die sie sich in der Überlieferung unserer Wissenschaft darstellen. Das Strafrecht ist vielmehr die Form, in der kriminalpolitische Zielsetzungen in den Modus des rechtlichen Geltens überführt werden. Wenn die Verbrechenslehre in diesem Sinne teleologisch aufgebaut wird, fallen die Einwände, die sich gegen die aus positivistischen Zeiten überkommene abstrakt-begriffliche Dogmatik erheben lassen, allesamt dahin. Ein Auseinanderklaffen von dogmatischer Konstruktion und kriminalpolitischer Richtigkeit ist von vornherein nicht möglich, und auch das beliebte Verfahren, die kriminologische und die strafrechtsdogmatische Arbeit gegeneinander auszuspielen, verliert seinen Sinn: Denn kriminologische Einsichten in kriminalpolitische Forderungen und diese in rechtliche Regeln der lex lata oder ferenda zu verwandeln — das ist ein Prozeß, dessen einzelne Stadien für die Herstellung des sozial Richtigen gleichermaßen notwendig und wichtig sind.

Ein solches Eindringen der Kriminalpolitik in die juristischen Bereiche der Strafrechtswissenschaft führt auch nicht zur Aufgabe oder zur Relativierung des Systemgedankens, dessen Erträge an Rechtsklarheit und Rechtssicherheit unverzichtbar sind; im Gegenteil läßt ein teleologisches System der vorgeschlagenen Art die inneren Zusammenhänge eines Rechtsgebietes, die ja nur im Normativen liegen können, deutlicher hervortreten als ein aus Abstraktionen oder Axiomen deduzierendes System.

Schließlich ist trotz der normativen Grundlage der Wirklichkeitsbezug einer solchen Dogmatik wesentlich enger als er es im Reiche systematischer Begriffspyramiden sein kann. Denn während immer weiter aufsteigende Abstraktionen sich von der

---

[79] wie es im neuen § 24 Abs. 1 des 2. Strafrechtsreformgesetzes geschehen ist.

Realität in zunehmendem Maße entfernen, nötigt die Entfaltung der jeweils leitenden kriminalpolitischen Gesichtspunkte zum Abschreiten des gesamten Regelungsstoffes; nur die Breite der Lebensrealität mit allen ihren Abwandlungen ermöglicht jene Konkretisierung der Maßstäbe, die im Einzelfall ein richtiges — d. h. der Besonderheit des Falles angepaßtes — Ergebnis hervortreten läßt. Das vielberufene Denken aus der Natur der Sache bedeutet nichts anderes, als daß ein leitender Wertungsgesichtspunkt je nach der Art des Regelungssubstrates zu wesentlich abweichenden Ergebnissen führen kann[80].

Eben daher rührt die sich anbahnende relative Verselbständigung der Unterlassungs- und Fahrlässigkeitsdogmatik oder die Neigung zu einer den gesamten Rechtsstoff ausbreitenden Fallgruppensystematik, wie ich sie am Beispiel der Notwehr dargestellt habe[81]. Natürlich besteht hier auch ein enger Zusammenhang mit den Tendenzen zur Konkretisierung oder Individualisierung des Strafrechts[82], wie sie in neueren methodologischen Monographien eindrucksvoll beschrieben worden ist. Die Schwäche der abstrahierenden Systeme liegt ja nicht nur in ihrer Abwehrstellung gegen die Kriminalpolitik, sondern noch allgemeiner in einer Vernachlässigung der Besonderheiten des Einzelfalles, darin also, daß die Rechtssicherheit in vielen Fällen mit einer Einbuße an Gerechtigkeit erkauft wird. Diese Stich-

---

[80] Richtungweisend sind hier vor allem die Arbeiten von *Stratenwerth*, Das rechtstheoretische Problem der „Natur der Sache", 1957, und Arthur *Kaufmann*, Analogie und „Natur der Sache". Zugleich ein Beitrag zur Lehre vom Typus, 1965. Vgl. im übrigen den von Arthur *Kaufmann* herausgegebenen Sammelband „Die ontologische Begründung des Rechts", 1965, der nicht nur zahlreiche wichtige Abhandlungen zum Thema, sondern auch eine umfassende Bibliographie der einschlägigen Literatur enthält.

[81] Im übrigen gilt dieses methodologische Verfahren nicht nur für die Dogmatik des Allgemeinen Teils, sondern auch für den Besonderen Teil des Strafrechts. So habe ich z. B. in meiner Abhandlung über „Geld als Objekt von Eigentums- und Vermögensdelikten", in: Festschrift für Hellmuth *Mayer*, 1966, S. 467 ff., darzulegen versucht, wie die den Vermögensdelikten zugrunde liegende ratio legis bei Berücksichtigung der besonderen sozialen Funktion des Geldes als einer Wertsummenverkörperung zu anderen Lösungen führen muß, als sie sich bei Delikten gegen „Sachen" ergeben. Dem folgen jetzt *Gribbohm*, Die rechtswidrige Zueignung vertretbarer Sachen, in: NJW 1968, S. 240 (unter Ausweitung auf alle vertretbaren Sachen), und Dieter *Meyer*, Zum Problem der Ersatzhehlerei an Geld, in: MDR 1970, S. 377.

[82] Grundlegend: *Engisch*, Die Idee der Konkretisierung in Recht und Rechtswissenschaft unserer Zeit, 1953, 2. Aufl., 1968; *Henkel*, Recht und Individualität, 1958.

42

wörter sollen nur zeigen, wie zahlreiche, an den verschiedensten Punkten einsetzende methodologische Bemühungen in die Ausarbeitung eines solchen Systementwurfs eingebracht werden müßten.

Das kann jetzt nicht geschehen. Nur auf eine wichtige systematische Konsequenz will ich zuletzt noch hinweisen. Fast alle bisherigen Verbrechenslehren sind Elementensysteme, d. h. sie zerlegen das deliktische Verhalten in eine Vielzahl von Einzelmerkmalen (objektive, subjektive, normative, deskriptive usw.), die auf verschiedenen Stufen des Verbrechensaufbaus eingeordnet sind und dadurch wie in einem Mosaik zum gesetzlichen Bilde der Straftat zusammengesetzt werden. Dieser Ansatz führt dazu, großen Scharfsinn auf die Frage zu verwenden, welchen Standort im Verbrechenssystem dieses oder jenes Merkmal einnimmt; man kann so die Geschichte der Verbrechenslehre in den letzten Jahrzehnten als eine Wanderung von Deliktselementen durch die verschiedenen Stockwerke des Systems beschreiben[83]. Folgt man dagegen der hier entwickelten Konzeption, so sieht die Fragestellung von vornherein anders aus: Es ist dann immer das gesamte Geschehen unter dem Blickwinkel der jeweiligen Verbrechenskategorie zu betrachten[84]. Dann ergibt sich, daß zwar nicht alle Momente der Handlungssituation für Tatbestand, Unrecht und Schuld gleichermaßen bedeutend sind; beispielsweise ist es überflüssig, ein gerechtfertigtes Tun noch unter dem Gesichtspunkt der persönlichen Verantwortlichkeit ins Auge zu fassen. Es ist aber — und darin liegt der wesentliche Unterschied — verfehlt anzunehmen, daß irgendein Umstand, weil er für den Tatbestand wichtig ist, deshalb für die Schuld keine Bedeutung mehr haben dürfte. Die berühmte Streitfrage, ob der Vorsatz zum Tatbestand oder zur Schuld „gehört", ist deshalb ein Scheinproblem[85]. Der Vorsatz ist für den Tatbestand wesentlich, weil ohne ihn die ge-

---

[83] Treffend dazu die Kritik bei *Noll*, in: ZStW, Bd. 77, 1965, S. 1—4.

[84] Dieses Verfahren ist unter methodologischen und systematischen Gesichtspunkten dargestellt in meiner Arbeit „Einige Bemerkungen zum Verhältnis von Rechtsidee und Rechtsstoff in der Systematik unseres Strafrechts", in: Gedächtnisschrift für Gustav Radbruch, 1968, S. 260 ff.

[85] Ahnungsvoll schrieb *Engisch* schon im Jahre 1957 in Studium Generale, S. 187: „Es ist kaum zu glauben, aber es ist nun einmal so, daß dieses Systemproblem heute im Mittelpunkt der kriminalistischen Erörterungen steht."

setzliche Deliktsbeschreibung nicht in der rechtsstaatlich erforderlichen Weise zu profilieren ist; er ist aber ebenso unter dem Aspekt der Schuld relevant, weil er die schwerere Schuldform von der leichteren (der Fahrlässigkeit) abgrenzen soll und insofern nach den Wertungsprinzipien dieser Deliktskategorie inhaltlich ausgeformt werden muß. Solche doppelrelevanten Merkmale gibt es auch sonst: So tragen viele Gesinnungsmerkmale zur Tatbeschreibung bei und sind insofern tatbestandsrelevant, während sie andererseits zur Spezifizierung der Verantwortlichkeit dienen und so auch unter Schuldgesichtspunkten eine Rolle spielen. Der entschuldigende Notstand ist gleichzeitig als Unrechtsminderungsgrund von Bedeutung, weil er neben der rechtsgutsbeeinträchtigenden auch, wenngleich nicht überwiegend, rechtsguterhaltende Wirkung hat. Das alles kann wieder für Teilnahme- und Irrtumsfragen wesentlich werden und so die dogmatische Arbeit nicht nur von überflüssigen Einordnungsproblemen entlasten, sondern auch zur Erreichung sachgerechter Ergebnisse beitragen.

Damit bin ich am Ende. Wenn ich mir gestattet habe, Ihre Aufmerksamkeit für systematische Grundfragen der allgemeinen Verbrechenslehre in Anspruch zu nehmen, so bin ich mir bewußt, daß es hier um Aufgaben geht, die sich in Form eines Vortrages kaum lösen lassen. Doch ging es mir darum, wenigstens ansatzweise zu zeigen, daß auch die Strafrechtssystematik, die manche in ihren Möglichkeiten für erschöpft halten, von ihren Grundlagen her immer wieder von neuem durchdacht werden muß. Die Wandlungen der Kriminalpolitik und unseres Methodenbewußtseins, die sich in den letzten Jahren vollzogen haben, müssen das System unseres Allgemeinen Teils, wenn es seine Leistungsfähigkeit bewahren soll, mit sich wandeln, so daß wir auch auf diesem Felde immer wieder am Anfang stehen.

NACHWORT

Die kleine Schrift, die hier in zweiter Auflage vorgelegt wird, hat zu meiner Freude im In- und Ausland erhebliches Interesse gefunden[1]. Ich will deshalb — soweit der beschränkte Raum eines Nachwortes das zuläßt — das Gespräch fortsetzen und zu einigen Einwänden Stellung nehmen, die mir besonders wichtig erscheinen.

1. Bedenken gegen meine „Grundthese" meldet Stratenwerth[2] an. Er ist mit mir zwar darin einig, daß es in der Strafrechtsdogmatik um „Wertentscheidungen" nach bestimmten Ordnungsprinzipien geht. Aber er meint, es handele sich dabei nicht um spezifisch kriminalpolitische Entscheidungen. „Kriminalpolitik hat es mit nichts anderem als den zur Verbrechensbekämpfung notwendigen oder zweckmäßigen strafrechtlichen Reaktionen zu tun. Der nullum-crimen-Satz erfüllt daher *keine* spezifisch kriminalpolitische Funktion, sondern kann etwa bei der Verfolgung paralegaler, erfahrungsgemäß in echte Kriminalität umschlagender Verhaltensweisen nur hinderlich sein." Was Stratenwerth hier vorträgt, ist die dualistische Vorstellung Liszts, über die ich gerade hinaus möchte[3]. Daß es nach heutiger Auffassung kriminalpolitisch sinnvoll sei, ohne Bindung an Tatbestände und das Schuldprinzip alle möglichen „paralegalen" Verhaltensweisen gewissermaßen vorbeugend mit Strafe zu belegen, wird sich doch schwerlich behaupten lassen. Vielmehr ist die Spannung zwischen Verfolgungs- und Freiheitsinteresse schon dem Begriff der Kriminalpolitik eigen; es handelt sich bei ihrem Ausgleich

---

[1] An ausführlichen Rezensionen nenne ich vor allem Heinitz, ZStW, Bd. 83, 1971, 756 ff.; Dreher, GA 1971, 217 f.; Stratenwerth, MSchrKrim 1972, 196/97; Blei, JA 1971, StR 103. Aus dem ausländischen Schrifttum ist vor allem auf die Einleitung von Muñoz Conde zur spanischen Ausgabe des Buches (a. a. O., 5—14) und auf die Erläuterungen von Seiji Saito zur japanischen Übersetzung in Seikei Hōgaku, 1972, Nr. 3, 146 ff., zu verweisen; der japanischen Ausgabe habe ich noch ein selbständiges Vorwort beigegeben.
[2] a. a. O., 197
[3] „Uneingeschränkte" Übereinstimmung mit diesem „Ausgangspunkt" meiner Überlegungen bezeugt dagegen Heinitz, a. a. O., 759: „Die alte Trennung von Dogmatik und Kriminalpolitik läßt sich nicht aufrechterhalten."

um eben jene dialektische Synthese, über die ich oben (S. 10 f.) Grundsätzliches gesagt habe und die, wie aller vernünftigen Politik, gerade auch der Kriminalpolitik abzufordern ist[4]. Außerdem ist es doch so, daß die durch den nullum-crimen-Satz verwirklichte Androhungsprävention seit Feuerbachs Zeiten ein kriminalpolitisches Fundamentalprinzip ist; die Motivations-[5] und die Garantiefunktion des Tatbestandes sind zwei Seiten ein und derselben kriminalpolitischen Zielvorstellung.

2. Über die Kategorie der Rechtswidrigkeit meint Stratenwerth: „Daß auf der Stufe der Rechtswidrigkeit Wertungskonflikte zu entscheiden sind, ist vollkommen richtig; aber diese Konflikte sind nicht kriminalpolitischer Natur." Nun habe ich selbst betont, daß die sozialregulierenden Prinzipien der Rechtfertigungslehre, für deren Systematisierung ich die mir wesentlich erscheinenden Gesichtspunkte herausgearbeitet habe, „dem gesamten Rechtsbereich" (S. 31) entstammen und „Aufgaben der Gesamtrechtsordnung" (S. 16) wahrnehmen. Daß aber, soweit es um die Grenzen des strafrechtlichen Unrechts geht, bei ihrer Auslegung im Rahmen der gesetzgeberischen Wertentscheidungen kriminalpolitische Maßstäbe heranzuziehen sind, ist mir nicht zweifelhaft. So ist z. B. die Frage nach der Legitimation und dem Anwendungsbereich des Rechtsbewährungsprinzips (vgl. oben S. 32), die sich immer mehr in den Vordergrund der modernen Notwehrdiskussion schiebt[6], eine Frage nach der Reichweite des Schutzes von Leben und Gesundheit. Es geht darum, wo man die Notwehr enden läßt und den Beginn der (meist sogar schweren) Kriminalität ansetzt. Das ist, wie ich unlängst[7] gesagt habe, „weniger eine Frage begrifflich-dogmatischer Ableitung und ,Konstruktion' als vielmehr ein erstrangiges sozialpolitisches Problem". Es ist gleichzeitig eine kriminal-

---

[4] Vgl. darüber im Hinblick auf die Straftheorien auch meine „Strafrechtlichen Grundprobleme", 1973, S. 27 ff.

[5] So der Terminus von Muñoz Conde in ZStW, Bd. 84, 1972, 768.

[6] Und zwar gerade auch in der Rechtsprechung. Der BGH beruft sich in seinem jüngsten Urteil zu diesem Problem (BGHSt 24, 396 ff.) ausdrücklich auf die einschlägigen Arbeiten von Lenckner und mir (a. a. O. 359), und das oberste österreichische Bundesgericht stellt in einer Entscheidung vom 23. November 1972 (AZ: 13 Os 83/72—8) unter Hinweis auf die obigen Darlegungen (S. 23, Anm. 68) die Berufung des einzelnen zur „Rechtsbewährung" grundsätzlich in Frage.

[7] In einer Anmerkung zu BGHSt 24, 356 ff. in NJW 1972, 1821 f. = ESJ Strafrecht, Allgemeiner Teil, 1973, Fall 14, S. 34 ff.

politische Frage, sobald man einräumt, daß nicht nur die Aus-
gestaltung der Rechtsfolgen, sondern auch die Entscheidung
über das Ob der Strafe zu den Themen der Kriminalpolitik
gehört, die ja nur ein Teilbereich der allgemeinen Sozialpolitik
ist und im Kontext des gesamten Instrumentariums sozial-
politischer Regelungsmechanismen interpretiert werden muß.
Entsprechendes ließe sich auch an den übrigen Rechtfertigungsgründen — besonders gut etwa beim übergesetzlichen Notstand[8] — in sehr fruchtbarer Weise demonstrieren.

3. Zur „Schuld" schließlich bemerkt Stratenwerth, daß die
Fragen aus dem Bereich dieser Systemkategorie „schwerlich in
direktem Rückgriff auf Erwägungen der Prävention" beantwortet werden könnten, weil sie dafür „zumeist viel zu komplex"
seien. Ich meine aber: Hinter der Lehre von den Voraussetzungen strafrechtlicher Verantwortlichkeit (also der Schuldlehre im
Sinne des überlieferten Sprachgebrauches) ist als die für die Auslegung leitende kriminalpolitische Motivation des Gesetzgebers
die Strafzwecklehre sichtbar zu machen, deren Anforderungen
gewiß „komplex" sind, die aber jedenfalls hinter den strafbegren-
zenden Problemen der reinen „Schuld"feststellung auch spe-
zial- und generalpräventive legislatorische Erwägungen hervortreten lassen[9]. Ob daneben noch andere Gesichtspunkte eine
Rolle spielen, wie Stratenwerth zu meinen scheint[10], wäre im
einzelnen zu untersuchen. Ich glaube es aber nicht[11]; wenn man
sich entschließt, strafbefreiende Umstände, die außerhalb der
Strafzwecklehre liegen, anderen Kategorien wie den persönlichen Strafausschließungsgründen, objektiven Bedingungen der

---

[8] Man vergleiche einstweilen meine Anmerkungen zu BGHSt 12, 299 ff.,
13, 297 ff. in meiner Sammlung ESJ Strafrecht, Allgemeiner Teil, 1973, S.
40 ff., 43 f.; ferner meine Analyse der unrechtskonstituierenden „Sozial-
widrigkeit" in: Strafrechtliche Grundlagenprobleme, 1973, 184 ff.

[9] Heinitz (a. a. O., 760) hat diese „Gedanken zur Schuldlehre" „besonders
überzeugend und fruchtbar" gefunden.

[10] Zu Stratenwerths eigener Schuldkonzeption vgl. meine Rezension seines
„Allgemeinen Teils" in ZStW, Bd. 84, 1972, 993 ff. (1004—1006).

[11] Die Unrechtsminderung, die Stratenwerth im Anschluß an Noll zu
Recht in vielen Fällen als für die Exkulpation bedeutsam ansieht (Allg.
Teil, S. 174), bestätigt meinen Grundgedanken nur: Denn daß die „Schuld"
in Fällen der Unrechtsminderung (etwa bei § 54 StGB), wie Stratenwerth
sagt, „unter der Schwelle der strafrechtlichen Erheblichkeit" bleibt, also
(trotz ihres Vorliegens!) vom Gesetzgeber nicht zum Anlaß einer Sanktion
genommen wird, beruht eben darauf, daß eine Bestrafung general- und
spezialpräventiv als überflüssig erscheint (vgl. schon oben S. 15/16, 33/34).

Strafbarkeit usw. zuzuweisen, besteht kein Bedürfnis, die Schuldlehre durch ein Konglomerat heterogener Topoi zu einer des einheitlichen Systemgedankens entbehrenden Auffangrubrik zu machen.

4. Mein Vorschlag, die Kategorie der Verantwortlichkeit von der Strafzwecklehre her durchzustrukturieren, bedeutet auch nicht, wie Dreher[12] es versteht, den „Rückzug auf eine Generalklausel, die noch vager als die Freudenthalsche Zumutbarkeitsklausel ist und mit der man alles oder nichts anfangen kann". Selbstverständlich kann ein Schuldausschluß nicht deshalb bejaht werden, weil ein Richter im konkreten Fall die Strafwürdigkeit verneinen möchte. Vielmehr geht es mir darum, die gesetzlichen oder gewohnheitsrechtlichen Regeln des Schuldausschlusses von der ihnen zugrundeliegenden ratio her auszulegen. Danach kann z. B. die Unzumutbarkeit als allgemeiner Schuldausschließungsgrund bei vorsätzlichen Delikten nicht in Betracht kommen, weil der Gesetzgeber in diesem Bereich die Situationen ausgeschlossener Verantwortung einzeln normiert und (von seinem Verständnis der Strafzwecke her) eine Entscheidung gefällt hat, die der Richter nicht korrigieren darf. Die Aufgabe des Interpreten geht nur dahin, bei der konkretisierenden Anwendung der Gesetzesnormen und bei der behutsamen Fortentwicklung der Schulddogmatik in den vom geschriebenen Recht offengelassenen Räumen (etwa in der Fahrlässigkeits- und Unterlassungslehre oder in den Situationen des sog. schuldausschließenden übergesetzlichen Notstands) die gesetzgeberischen Strafzweckabwägungen zur Richtschnur der Rechtsfindung zu machen. Ich habe oben (S. 34 ff.) an einigen Beispielen gezeigt, wie ich mir das vorstelle[13], und ich glaube nicht, daß es meinen Lösungsvorschlägen an Klarheit und Bestimmtheit fehlt.

5. Manche Fragen hat schließlich noch das Verhältnis der von mir vorgeschlagenen kriminalpolitisch fundierten Systemkonzeption zu der uns vom Neukantianismus überlieferten teleo-

---

[12] a. a. O., 218.

[13] Während ich meine Gedanken über die Behandlung der Irrtumslehre schon früher unter dem Gesichtspunkt der Strafzweckkonkretisierung im einzelnen entwickelt hatte (ZStW, Bd. 76, 1964, 582 ff.), habe ich das für das Problem des Rücktritts vom Versuch (vgl. oben S. 35—38) jetzt ausführlich nachgeholt (Festschrift für Heinitz, 1972, 251—276).

logischen Begriffslehre im Strafrecht aufgeworfen[14]. Es ist mir durchaus nicht entgangen, daß diese methodische Richtung „wertvolle Ansätze zur Einbringung kriminalpolitischer Zielsetzungen in die dogmatische Arbeit" (oben S. 13) entwickelt hat. Mir geht es aber darum, die zerstreuten Wertungsgesichtspunkte auf ihre kriminalpolitische Legitimität hin zu überprüfen — also beispielsweise gerade *nicht* die Garantiefunktion des nullum-crimen-Satzes durch eine rechtsgutsbezogene, extensivteleologische Tatbestandsinterpretation zu überspielen (vgl. S. 23/24) —, ihre Differenziertheit sowohl wie ihren Zusammenhang systematisch auszuarbeiten und das Vorwalten unterschiedlicher Zielsetzungen auf den verschiedenen Stufen des Verbrechensaufbaus darzutun. Die Androhungsprävention der Tatbestände, die weit in die allgemeine Sozialpolitik hinausgreifenden Ordnungsprinzipien der Rechtswidrigkeitskategorie und die täterbezogene Strafzweckkonkretisierung der Schulddogmatik haben jeweils so spezifische Funktionen, daß mein Konzept über den schlichten Appell an die Wünschbarkeit teleologischen Denkens in der Strafrechtsdogmatik vielleicht doch ein wenig hinausreicht. Freilich läuft die Akzentuierung der Komplexität kriminalpolitischer Strebungen und die Zuweisung bestimmter Aufgaben an einzelne Systemkategorien Gefahr, eine zu große Starrheit der jeweils einzusetzenden Wertungsgesichtspunkte herbeizuführen[15]. Das wäre nicht im Sinne meiner Intentionen. So bestreite ich keineswegs, daß im Tatbestand (in den Grenzen eines ernst genommenen nullum-crimen-Prinzips) eine Auslegung vom geschützten Rechtsgut her sinnvoll ist und daß Interessenkonflikte, die in der Regel dem Rechtswidrigkeitsbereich angehören, schon im Tatbestand auftreten können[16]. Die von

---

[14] Vgl. etwa Dreher, a. a. O., 218; Welzel, Festschrift für Maurach, 1972, S. 6, Anm. 16.
[15] So bemängelt Jescheck die „zu einseitige Fixierung dieser Bezugspunkte" (Allg. Teil, 2. Aufl., 1972, S. 163, Anm. 71); auch die Kritik von Dreher, a. a. O., geht wohl in diese Richtung.
[16] Vgl. oben, S. 23, wo der „zum Schutze des Rechtsguts unverzichtbare(n) Strafbarkeitsbereich" sehr wohl der teleologischen Auslegung überantwortet, und S. 25, Anm. 56, wo betont wird, daß bisweilen „Eingriffsrechte schon tatbestandsausschließend wirken". Was Dreher, a. a. O., 218, mir insoweit entgegenhält, widerspricht also meiner Auffassung nicht. Auch daß die Fahrlässigkeitsdelikte nach dem augenblicklichen Stand der Dogmatik nicht alle, wie ich ehedem annahm, als Pflichtdelikte aufgefaßt werden können (was Dreher a. a. O. zu Recht betont), ist von mir im Text schon angedeutet worden (S. 22, Anm. 51).

mir behaupteten kriminalpolitischen Systematisierungs- und Interpretationsrichtlinien sollen nur „Leitmotive" (S. 15) sein, ordnende und in der Hierarchie der abzuwägenden Topoi vorrangige Prinzipien, nicht aber mit dem Anspruch der Ausschließlichkeit auftretende Fixpunkte; das würde unter kriminalpolitischen Vorzeichen zu jenem Schematismus zurückführen, den man den begriffslogischen Systemen mit Recht vorhalten kann. Wenn das in meinem Abriß hier und da nicht deutlich genug hervortreten mag, so ist das ein Mangel, der bei dem skizzenhaften Charakter der kleinen Schrift schwer vermeidbar ist: Die vielfältigen Nuancen eines ausgeführten Gemäldes lassen sich durch eine auf die großen Linien beschränkte Abbreviatur nicht angemessen wiedergeben. Aus dem Entwurf ein in allen Teilen standfestes Gebäude aufzuführen — das ist eine Aufgabe, die noch zu lösen bleibt.

München, im April 1973

Claus Roxin

Walter de Gruyter
Berlin · New York

Vom gleichen Autor liegen vor:

Täterschaft und Tatherrschaft

2. Auflage. Oktav. XI, 661 Seiten. 1967. Lw. DM 68,–
ISBN 3 11 000957 9
(Hamburger Rechtsstudien, Heft 50)
Die Abgrenzung von Täterschaft und Teilnahme, eine
der wissenschaftlich umstrittensten und für die Ge-
richtspraxis bedeutsamsten Grundfragen der Strafrechtsdogmatik, erfährt in diesem Buch erstmals seit
Jahrzehnten eine umfassende monographische Un-
tersuchung. Die zweite Auflage des von der Fach-
kritik sehr günstig aufgenommenen Werkes enthält
neben einem Neudruck der Ende 1963 erschienenen
Erstausgabe einen 35seitigen Anhang, der die jüng-
ste Entwicklung der Rechtsprechung und des Schrift-
tums im Bereich der Teilnahmelehre kritisch würdigt
und das Buch auf den Stand vom 1. Januar 1967
bringt.

Offene Tatbestände und Rechtspflichtmerkmale

2., unveränderte Auflage. Oktav. VIII, 193 Seiten. 1970.
Kart. DM 28,– ISBN 3 11 006338 7
(Hamburger Rechtsstudien, Heft 47)
Die Arbeit würdigt zum ersten Male in umfassender
Weise die im Rahmen der finalen Handlungslehre
entwickelte moderne Theorie von den sogenannten
offenen Tatbeständen und Rechtspflichtmerkmalen im
Strafrecht.

Strafrechtliche Grundlagenprobleme

Oktav. XII, 234 Seiten. 1973. Pl. fl. DM 34,–
ISBN 3 11 004384 X
Inhalt: Sinn und Grenzen staatlicher Strafe – Franz
von Liszt und die kriminalpolitische Konzeption des
Alternativentwurfs – Zur Kritik der finalen Handlungslehre – Gedanken zur Problematik der Zurechnung
im Strafrecht – Pflichtwidrigkeit und Erfolg bei
fahrlässigen Delikten – Verwerflichkeit und Sitten-
widrigkeit als unrechtsbegründende Merkmale im
Strafrecht – Zur Abgrenzung von bedingtem Vorsatz und bewußter Fahrlässigkeit – BGHSt 7,363.
Jeweils mit Hinweisen zur neueren Rechtsentwicklung.

www.ingramcontent.com/pod-product-compliance
Lightning Source LLC
Chambersburg PA
CBHW050653190326
41458CB00008B/2546